100 Rezepte

# Microwellen Küche

100 Rezepte

# Microwellen Küche

von

Helga Lederer

Unipart-Verlag, Stuttgart

# Inhalt



Bitte beachten Sie:
Alle Gerichte sind für 4 Personen berechnet, falls nicht anders angegeben.
Alle EL- und TL-Angaben sind Durchschnittswerte.
1 EL entspricht etwa 15 ml (15 g)
1 TL entspricht etwa 5 ml (5 g)
Es sind stets ein gestrichener EL oder TL gemeint.
Wenn in den Rezepten nicht anders angegeben, werden frische oder tiefgefrorene Kräuter verwendet. Wenn Sie mit getrockneten Kräutern würzen (provençalische Kräutermischung), verreiben oder mahlen Sie die Kräuter. So entfalten sie ihr Aroma besser.



Gesamtherstellung: Karin Büchner, München
Satz: Fertigsatz, München
Titelfoto: Gert Poggenpohl, Peiting
Printed in Germany

ISBN 3-8122-3053-4

# Einführung

Mit Microwellen kochen heißt: Mehr Zeit zu haben für Freizeit und Familie. Sie ist eine vernünftige Anschaffung, weil sie schnell und sparsam arbeitet, sie ist die moderne Art in der heutigen Zeit Speisen zuzubereiten, aufzutauen und zu erwärmen. Der Eigengeschmack, die Farbe und die Konsistenz der Lebensmittel bleiben intensiver erhalten. Die „nur Microwelle" ist eine sinnvolle Ergänzung zu Herd und Backofen. Sie eignet sich hervorragend zum Auftauen, Erwärmen und zum Garen vieler Gerichte. Es bleiben beim Garen in der Microwelle mehr Vitamine und Mineralstoffe erhalten, das Gemüse bleibt knackiger, das Fleisch saftiger und der Eigengeschmack der Zutaten entfaltet sich besser. Eine schonende, moderne Art zu kochen, die zeit-, arbeit- und energiesparend ist. Mit etwas Fingerspitzengefühl läßt sich die Technik spielend erlernen und es sind nur wenige Grundregeln, die zu beachten sind. Nach kurzer Einarbeitungszeit möchte man auf die neue Haushaltshilfe nicht mehr verzichten.

**Unterschiedliche Geräte**

Es gibt unterschiedliche Typen auf dem Markt, die sich wie folgt unterscheiden:

- „Nur Microwelle" mit einem Leistungsbereich von 150–240 Watt. Sie eignet sich besonders als Zusatzgerät zu Herd und Backofen zum Auftauen und Erwärmen.
- Geräte mit Ausgangsleistung zwischen 400 bis 1200 Watt, Leistungsstufen zwischen 3–10 und Automatik.
- Geräte mit Unter- und Oberhitze, Glaskeramik-Kochfeld, Flächengrill und Auftaustufe, die für einen kleinen Haushalt einen Backofen ersetzen.
- Geräte, die in den Backofen integriert sind und komplette Automatikprogramme haben.

Es gibt Geräte mit:
Drehteller – Herausnehmbarer Glasplatte – Schiebetasten – Sensortasten (electronic) – Temperaturfühler/Thermometer usw.

Im Prinzip gilt, je höher die Ausgangsleistung, desto geringer der Zeitbedarf beim Garen, Auftauen und Erwärmen. Die Regel, je kleiner die Menge um so größer die Einsparung an Zeit und Energie. Für doppelte Mengen rechnet man fast doppelte Garzeit.

**Wie funktioniert die Microwelle?**

Microwellen zählen zu den elektromagnetischen Wellen im Hochfrequenzbereich, genau so wie Rundfunk- oder Fernsehwellen. Sie werden von einer Senderröhre, dem „Magnetron", erzeugt und durch eine Drehantenne an alle Punkte des Garraumes befördert. Der Garraum der Microwellengeräte besteht aus Metall, in dem die Wellen reflektieren. Wo sie auf Feuchtigkeit oder Fettmoleküle z. B. Lebensmittel treffen, wandeln ihre starken Schwingungen die Moleküle in Wärme um. Sie gehen durch Glas, Porzellan, Keramik, Papier, Kunststoff (hitzebeständig), fast ohne Energieverlust hindurch. Von Metall werden sie reflektiert, dies bedeutet in der Praxis, daß sich keine Gefäße aus Metall, Porzellan mit Gold-, Silber- oder Platindekor oder Gefäße, die mit Metallteilen versehen sind, verwenden lassen, sie führen zu Funkenbildung. Alufolie ist nur mit Einschränkung s. S. 7 verwendbar.

Im Buch sind eine Fülle von Informationen und Tips für das Kochen mit der Microwelle enthalten. Die Zeitangaben in den Rezepten beziehen sich auf Geräte mit 600 Watt Ausgangsleistung, die Zeiten für ein 700-Watt-Gerät stehen in der Klammer. Auf Seite 7 ist eine Umrechnungstabelle für Geräte mit anderer Wattzahl. Wenn man ein neues Gerät in Betrieb nimmt, sollte man sich die Bedienungsanleitung genau durchlesen und sich mit dem Gerät vertraut machen. Dann kann man auch nach Herzenslust kochen und die Vorzüge der neuen Technik genießen.

Viel Spaß und Erfolg beim Kochen!

**Grundregeln und Tips**

- Die Gebrauchsanleitung des Gerätes genau beachten.
- Keine Gefäße oder Geräte aus Metall verwenden.
- Kein Porzellangeschirr mit Gold- oder Metalldekor oder -rand verwenden.
- Keine Eier in der Schale kochen, sie platzen.
- Keine normalen Thermometer verwenden.
- Kunststoffbehälter müssen hitzebeständig sein.
- Alle Gerichte, die beim normalen Kochen abgedeckt werden, sollten auch in der Microwelle zugedeckt gegart werden.
- Es ist günstig, Gerichte nach dem Garen noch ein paar Minuten in der abgeschalteten Microwelle stehen zu lassen, sie garen leicht nach, Fleisch z. B., wird noch zarter ohne zu zerkochen.
- Die Garzeit ist abhängig z. B. von der Frische des Gemüses, oder wie gut abgehangen ein Stück Fleisch ist. Wichtig ist auch, daß das Kochgut in möglichst gleichgroße Stücke geschnitten ist, dies gewährt ein gleichmäßigeres Garen. Außerdem hängt die Garzeit davon ab, ob die Kochzutaten Zimmertemperatur haben oder aus dem Kühlschrank kommen.
- Die Garzeit verringert sich, wenn kleinere Mengen, als im Rezept angegeben, verarbeitet werden.
- Die Garzeit verdoppelt sich fast bei Verwendung der doppelten Menge.
- Es ist günstiger die Garzeit etwas geringer zu wählen, da in der Microwelle die Speisen in Sekundenschnelle überkochen können. Nachgaren ist problemlos.
- Bei kurzen Garzeiten, wie z. B. 2 Minuten, den Regler immer erst höher einstellen, dann zurückdrehen und einschalten.
- Die Microwelle läßt sich leicht reinigen, mit feuchtem Tuch und Spülmittel einfach auswischen. Niemals scharfe Reinigungsmittel verwenden.

**Verwendungsmöglichkeiten der Microwelle**

Die Microwelle ist rund um die Uhr einsatzbereit. Für Eilige, die auf Vorrat planen; für Berufstätige, die ihre Freizeit nicht gern in der Küche verbringen; für Haushalte, bei denen die einzelnen Familienmitglieder zu unterschiedlichen Zeiten nach Hause kommen. Für überraschenden Besuch usw. Man kann mit ihr auftauen – erwärmen – kochen.

**Auftauen**

Die Microwelle ist die ideale Ergänzung zum Gefriergerät. Die langen Auftauzeiten der Lebensmittel werden erheblich verkürzt. Die Auftaustufe sorgt für ein gleichmäßiges Auftauen des Gefriergutes ohne es zu erwärmen. Empfindliche Lebensmittel sollte man nur langsam auftauen und rechtzeitig, wenn der Kern noch gefroren ist, aus dem Gerät nehmen. Speisen kann man antauen, auf einen Teller legen und gleich erwärmen. Fertigprodukte und hausgemachte Fertiggerichte portionsweise einfrieren, dies verkürzt die Auftauzeit.

**Wiedererwärmen**

Die Speisen auf einem Teller portionsweise anrichten, 2–3 Minuten erwärmen. Abdecken mit einer Schüssel oder einer speziellen Abdeckhaube aus Kunststoff – die Gerichte schmecken wie frisch gekocht, es gibt keine geschmacklichen oder optischen Veränderungen. Wasser- und Fettzugabe entfallen. Man sollte die Speisen nach dem Abschalten des Gerätes noch 2 Minuten „nachgaren" lassen, damit sich die Wärme besser verteilt.

**Garen**

Die Garzeit in der Microwelle verkürzt sich enorm, dadurch spart man Energie und Zeit. Der geringe Zusatz von Flüssigkeit und Fett hilft Kalorien sparen. Die Vitamine und Mineralstoffe werden geschont, so daß man das Garen in der Microwelle als gesunde, moderne Art des Kochens bezeichnen kann. Sie gehört zu einer bewußten Ernährung. Der Eigengeschmack und das Aussehen der Lebensmittel bleiben weitgehend erhalten. Fleisch, Fisch, Geflügel und Gemüse behalten ihre erstklassige Qualität und ihren Wohlgeschmack. Auch beim Garen sollte man die Gerichte noch einige Minuten „nachgaren“ lassen.

**Welches Geschirr für die Microwelle?**
Geeignetes Geschirr befindet sich in jedem Haushalt.

**Sehr gut geeignet sind:** Im Fachhandel erhältliche Kochgeschirre mit Sichtdeckel, speziell für die Microwelle entwickelt z. B. micro fit. Das Material ist absolut microwellendurchlässig, geschmacksneutral, lebensmittelecht, backofenfest, formstabil und vielseitig verwendbar in haushaltsgerechten Größen. Gefäße aus Porzellan, Glaskeramik und Glas, am besten weiß, ohne Muster.

**Gut geeignet sind:** Glasierte Steingut-, Ton- oder Keramikgefäße, Gefrierbeutel (nur zum Auftauen), Gefrierkochbeutel, Bratfolien (ohne Metallverschluß), Gefrierdosen aus Kunststoff (hitzebeständig). Pergamentpapier, Klarsichtfolien, Küchenkrepp für kurze Garzeiten oder zum Abdecken der Speisen.

**Bedingt geeignet sind:** Alufolien, zum Abdecken von Geflügelteilen beim Garen, sie müssen aber genügend Abstand zur Wand des Gerätes haben. Aluschalen bei Fertiggerichten sollten einen niederen Rand haben und nicht mit der Wand des Gerätes in Berührung kommen.

**Nicht geeignet sind:** Bleikristall, dünne Glasschalen (springen leicht), Gefäße aus Metall und mit Metallteilen, Porzellan mit Metalldekor oder Metallstreifen.

**Bräunungsgeschirre**
Sie werden bei Microwellengeräten verwendet, die keine Ober- und Unterhitze und keinen Flächengrill haben. Mit ihnen erreicht man einen Bräunungseffekt z. B. bei Braten oder Geflügel. Das Geschirr wird 5 Minuten bei voller Leistung mit oder ohne Fett erwärmt, der Boden erhitzt sich auf 400 °C, das Gargut kann so unter Wenden angebräunt werden. Beim Herausnehmen das Geschirr auf einen Untersetzer stellen, da der Boden sehr heiß ist.

**Umrechnungstabelle für 500- und 400-Watt(W)-Geräte**

| 500-Watt-Geräte | 400-Watt-Geräte |
|---|---|
| 1 Minute | 1 Minute |
| 2 Minuten | 2 Minuten |
| 3–10 Minuten | je 1 Minute mehr Garzeit |
| 11–17 Minuten | je 2 Minuten mehr Garzeit |
| 18–29 Minuten | je 3 Minuten mehr Garzeit |
| 30–40 Minuten | je 4 Minuten mehr Garzeit |
| 50–60 Minuten | je 6 Minuten mehr Garzeit |

Die Rezepte sind für **4 Personen** berechnet, falls keine anderen Angaben gemacht sind. Sie wurden mit einem 600-Watt-Gerät zubereitet, in Klammer die Garzeit für 700-Watt-Geräte.

# Vorspeisen und Zwischengerichte – anregend und leicht

## Geflügelleber-Terrine

*500 g Hühnerleber*
*1 Zwiebel (100 g)*
*175 g Butter*
*2 TL Senf*
*1 TL Provençekräuter*
*½ TL Salz*
*½ TL gemahlener Pfeffer*

Die Leber von Röhren und Hautresten befreien. Mit der gehackten Zwiebel und etwas Butter in eine flache Schale geben und offen 8 (7) Minuten garen. Die Masse im Mixer pürieren, die restliche Butter, Senf, Kräuter, Salz und Pfeffer zugeben, gut durchrühren und in eine Terrine füllen, kaltstellen und mit Radieschen garniert servieren. Dazu paßt sehr gut Feldsalat und ein Gläschen Weißwein.

**TIP:** *Im Gefrierschrank kann man Pasteten unbesorgt bis zu 3 Monaten einfrieren, man läßt sie am besten langsam im Kühlschrank auftauen. Im Kühlschrank halten sich Terrinen und Pasteten ca. 4 Tage. Fischpasteten sollte man aber nur 1 Tag kaltstellen.*

## Pastete Gutsherren-Art

*200 g Schweineleber*
*150 g gekochter Schinken*
*200 g Kalbfleisch*
*1 Zwiebel (150 g)*
*2 Knoblauchzehen*
*70 g Semmelbrösel*
*1 EL gehackte Petersilie*
*1 EL gehackter Majoran*
*2 Eier*
*200 g Schlagsahne*
*Salz*
*Pfeffer*
*3 Scheiben durchwachsener Speck*
*2 Lorbeerblätter*

Die Leber von Röhren und Hautresten befreien, trockentupfen und mit dem Schinken, dem Kalbfleisch, der Zwiebel und den Knoblauchzehen gut gekühlt zweimal durch die feine Scheibe des Fleischwolfes drehen. Die Masse kaltstellen. Dann die Semmelbrösel, die Kräuter, die verquirlten Eier und die Sahne unter die Fleischfarce mischen. Mit Salz und Pfeffer abschmecken. Die Masse in eine Pastetenform mit Deckel füllen. Zur Dekoration den durchwachsenen Speck und die Lorbeerblätter auflegen 20 (17) Minuten bei Auftaustufe zugedeckt (180 W) garen. Die Pastete noch 10 Minuten ruhen lassen, auskühlen und in der Form servieren.

## Forellenpastete

*4 geräucherte Forellenfilets*
*1 TL Senf*
*50 g Butter*
*40 g Mehl*
*¼ l Milch*
*15 g Gelatine*
*2 EL Zitronensaft*
*¼ l Schlagsahne*
*Salz*
*Pfeffer*

Die Forellenfilets ohne Haut und Gräten im Mixer pürieren und mit dem Senf vermischen. Die Masse im Kühlschrank kaltstellen. Die Butter 1 Minute schmelzen lassen. Das Mehl zufügen, gut durchrühren und nochmals 2 (1) Minuten anschwitzen. Die Milch einrühren und 2 (1) Minuten dick werden lassen. Herausnehmen und mit dem Schneebesen durchschlagen. Die gemahlene Gelatine einrühren und den Zitronensaft zugeben. Mit der Fischfarce zusammenrühren. Die Sahne steifschlagen und vorsichtig unter die Masse heben. Mit Salz und Pfeffer abschmecken. Die Masse in eine Fischform füllen und im Kühlschrank erstarren lassen. Die Form auf eine Platte stürzen und mit Toast servieren.

**TIP:** *Die geräucherten Forellenfilets lassen sich auch durch geräucherte Renken, Makrelen oder Seefisch z.B. Heilbutt ersetzen. Wichtig ist auch hier, daß die Masse gut gekühlt ist.*

## Hühnerpastete á la Maison

*200 g gekochten Schinken*
*400 g Hühnerfleisch*
*200 g Schlagsahne*
*2 TL Senf*
*2 TL Worcestersauce*
*Salz*
*Pfeffer*
*2 Eiweiß*
*6 Backpflaumen ohne Stein*

Den Schinken und das Fleisch zweimal durch die feine Scheibe des Fleischwolfes drehen. Die Masse kaltstellen. Dann die Sahne und den Senf zufügen und durcharbeiten. Mit der Sauce, Salz und Pfeffer abschmecken. Das Eiweiß zu Schnee schlagen und vorsichtig unterheben. Die Masse zur Hälfte in eine Pastetenform mit Deckel einfüllen. Die Backpflaumen einlegen und den Rest der Farce auffüllen. Die Form ein paarmal aufstoßen, damit sich keine Hohlräume bilden können, 20 (17) Minuten bei Auftaustufe (180 W) garen. Die Pastete im abgeschalteten Herd noch 10 Minuten ruhen lassen. Gut gekühlt mit Weißbrot und Preiselbeeren servieren.

## Frühlingseier

*1 Bund Frühlingszwiebeln*
*20 g Butter*
*4 Eier*
*2 EL Schlagsahne oder Milch*
*Salz*
*Pfeffer*
*etwas Muskatnuß, gerieben*

Die Zwiebeln waschen, putzen und in Ringe schneiden. Mit der Butter 3 (2) Minuten garen. Die Eier mit der Sahne, Salz, Pfeffer und Muskat verquirlen und unter die Zwiebeln rühren. In einer flachen Form, offen 4 (3) Minuten garen. Herausnehmen und mit einer Gabel auflockern.

Colmans
Mustard

## Kräuterrührei

*4 Eier*
*2 EL saure Sahne*
*4 EL Milch*
*Salz*
*Pfeffer*
*1 EL gehackte Kräuter z. B.:*
*Petersilie, Dill, Schnittlauch usw.*

Die Eier mit Sahne und Milch verrühren. Mit Salz und Pfeffer abschmecken, die Kräuter unterrühren. Einen Teller mit Rand, mit Butter einfetten, die Eimasse einfüllen und mit einem zweiten Teller abdecken. 3 (2) Minuten stokken lassen. Das Rührei in vier gleichgroße Stücke aufteilen und sofort servieren.

**Anmerkung:** Praktisch ist hier auch die Verwendung von tiefgefrorenen Kräutern.

**TIP:** *Getrocknete Kräuter sollte man immer zwischen den Händen verreiben, also rebeln. Am besten erst kurz vor Gebrauch, da sie so ihre Würzkraft besser entfalten. Getrocknete Kräuter auf keinen Fall mahlen, da die ätherischen Öle sonst schnell verduften. Gute Dienste leisten hier alte Kaffeemühlen oder auch Pfeffermühlen. Unentbehrlich für die Küche sind die tiefgefrorenen Kräuter, die uns vor allem in den Wintermonaten gute Dienste leisten und immer griffbereit sind.*

*Im Uhrzeigersinn von hinten:*
*Forellenpastete (Rezept S. 9),*
*Geflügelleber-Terrine (Rezept S. 8),*
*Geflügel-Mousse,*
*Pastete Gutsherren Art (Rezept S. 8)*

## Geflügel-Mousse

*250 g Putenschnitzel*
*100 g Butter*
*2 TL Senf*
*2 TL Worcestersauce*
*Salz*
*Pfeffer*
*1 Zitronenscheibe*
*Brunnenkresse*

Das Putenfleisch waschen, abtrocknen und 4 (3) Minuten garen. Erkalten lassen und zweimal durch die feine Scheibe vom Fleischwolf drehen. Die Butter, Senf, Worcestersauce, Salz und Pfeffer zufügen und gut durcharbeiten. Die Masse auf 4 kleine Soufléförmchen oder eine Pastetenform aufteilen und kaltstellen. Vor dem Servieren mit der Zitronenscheibe und der frischen Brunnenkresse dekorieren.

## Zucchini und Tomaten

*2 Zucchini*
*2 Tomaten*
*1 Zwiebel (150 g)*
*2 Knoblauchzehen*
*2 EL Olivenöl*
*Salz*
*Pfeffer*
*1 TL Basilikum, gehackt*
*1 TL Origano, gehackt*
*1 EL Zitronensaft*

Das Gemüse waschen, putzen und in Scheiben schneiden. Die Zwiebel und Knoblauchzehen schälen und würfeln. Alles zusammen in eine flache Schale geben und mit dem Olivenöl 4 (3) Minuten garen. Mit Salz und Pfeffer abschmecken. Mit Basilikum und Origano bestreuen und zum Schluß den Zitronensaft darüber geben, kaltstellen. Mit Stangenweißbrot als Vorspeise servieren.

## Spinatsoufflé

*30 g Butter*
*1 kleine Zwiebel*
*4 EL Spinat, püriert*
*40 g Emmentaler oder Edamer, gerieben*
*2 Eier*
*1 Prise Muskat*
*Salz*
*Pfeffer*
*⅛ l Milch*
*30 g Semmelbrösel*
*Butter für die Förmchen*

Die Butter in eine kleine Schale geben und mit der in Würfel geschnittenen Zwiebel 2 (1) Minuten garen. Den pürierten Spinat mit dem Käse und den Eiern zusammenrühren. Mit Muskat, Salz und frischgemahlenem Pfeffer abschmecken. Die Milch 1 Minute erwärmen und mit den Semmelbröseln dazurühren. 4 Souffléförmchen ausfetten und die Masse bis zu ⅔ in die Förmchen füllen, da diese aufgeht. Mit 200 °C und zugeschalteter Auftaustufe (180 W) 20 (18) Minuten garen. Die Soufflés sofort servieren, Zugluft meiden, da sie sonst zusammenfallen.

**Variante:** Statt des Spinates kann man auch Broccoli oder Tomaten verwenden.

> **TIP:** *Wenn man mehrere Gerichte garen oder erwärmen möchte, sollte man darauf achten, daß sie im Kreis angeordnet sind, da sie so gleichmäßiger garen bzw. heiß werden.*

## Bretonische Kartoffelsuppe

*2 große Zwiebeln (300 g)*
*2 große säuerliche Äpfel (300 g)*
*750 g Kartoffeln*
*½ l Cidre (Apfelmost)*
*1 l Brühe*
*½ TL getr. Kräuter z. B.:*
*Majoran*
*Thymian*
*Petersilie*
*150 g saure Sahne*
*Salz*
*Pfeffer*
*Schnittlauch*

Die Zwiebeln schälen und in Ringe schneiden. Die Äpfel schälen, vierteln, Kerngehäuse entfernen und in Stücke schneiden. Die Kartoffeln schälen und in Scheiben schneiden. Alles in eine Glasschüssel geben und mit dem Cidre 17 (15) Minuten garen. Brühe und Kräuter zugeben und im geschlossenen Topf 4 (3) Minuten weiterkochen lassen, bis das Gemüse weich ist.

Die Suppe durch ein Sieb streichen oder pürieren und wieder in die Schüssel füllen, die saure Sahne bis auf 4 TL unterrühren, nochmals kurz erwärmen, mit Salz und frischgemahlenem Pfeffer abschmecken. Die Suppe in Tassen füllen, mit der restlichen sauren Sahne garnieren und mit dem in Röllchen geschnittenen Schnittlauch bestreuen.

**Anmerkung:** Dieses Gericht reicht für 6 Personen.

## Minestrone

*100 g Frühstücksspeck*
*1 große Zwiebel (150 g)*
*1 Stange Lauch*
*2 Karotten*
*1 Kohlrabi*
*1 Fenchelknolle*
*1 rote Paprikaschote*
*¼ Sellerieknolle*
*2 große Kartoffeln*
*1 l Fleischbrühe*
*Salz*
*Pfeffer*
*Petersilie*
*Parmesan*

Den Speck in kleine Würfel schneiden. Die Zwiebel schälen und in grobe Stücke schneiden. In eine Terrine aus Porzellan oder Glas geben und 3 (2) Minuten andünsten. Die Gemüse waschen, putzen und je nach Art schälen, in nicht zu kleine Streifen, Scheiben oder Stücke schneiden. Das Gemüse zum Speck geben und mit der Fleischbrühe aufgießen, mit Salz und Pfeffer zugedeckt weitere 17 (15) Minuten garen. Die Petersilie hacken und zur fertigen Suppe geben. Mit frisch geriebenem Parmesan bestreut servieren.

## Tomatensuppe mit Gin-Sahne

*500 g Gemüsetomaten*
*40 g Butter*
*40 g Mehl*
*½ l Fleischbrühe*
*Saft von ½ Zitrone*
*Salz*
*Pfeffer*
*1 Prise Zucker*
*3 EL Basilikum*
*200 g Schlagsahne*
*1 cl Gin*

Die Tomaten kurz in kochendes Wasser tauchen und schälen. Mit einem Messer grob hacken. Die Butter in einer Form 1 Minute schmelzen lassen, das Mehl zugeben und anschwitzen. Mit der Fleischbrühe aufgießen und die Tomaten einlegen. Mit Zitronensaft, Salz, frischgemahlenem Pfeffer und dem Zukker 8 (7) Minuten geschlossen garen. Das gehackte frische Basilikum und die Hälfte der Sahne unterrühren. Den Rest der Sahne mit dem Gin steifschlagen und jeweils ein Häubchen auf die in Suppentassen gefüllte Suppe setzen.

## Broccolicreme-Suppe

*40 g Butter*
*40 g Mehl*
*½ l Brühe*
*100 g Broccoli*
*200 g Schlagsahne*

Die Butter in eine Schüssel geben und schmelzen lassen. Das Mehl unter Rühren zufügen und nochmals 1 Minute kochen. Die Brühe aufgießen und den gewaschenen Broccoli zerkleinert zugeben, 3 (2) Minuten garen. Mit einem Mixer pürieren, die Sahne zufügen und nochmals kurz im Herd 1 Minute erhitzen.

## Eierstich für klare Suppen

*2 Eier*
*4 EL Schlagsahne*
*Salz*
*Muskatnuß*
*weißer Pfeffer*
*1 TL Petersilie, gehackt*
*Fett*

Die Eier mit den Zutaten gut verrühren. Eine kleinere, höhere Glasschüssel gut einfetten. Die Eiermasse einfüllen und 3 (2) Minuten garen. Die Schüssel herausnehmen und den Eierstich mit einem Messer in Würfel schneiden. 1 l Fleischbrühe erhitzen und den Eierstich einlegen, servieren.

## Spargelcreme-Suppe

*40 g Butter*
*40 g Mehl*
*½ l Spargelsud*
*etwas Brühe (Instant)*
*200 g Schlagsahne*
*2 EL frische Petersilie, gehackt*

Die Butter in eine Schüssel aus Glas oder Porzellan geben, 1 Minute in den Herd stellen. Mit dem Spargelsud und der gekörnten Brühe abschmecken, aufgießen. Die Sahne und die Petersilie zugeben, nochmals 3 (2) Minuten garen.

**Anmerkung:** Falls kein Spargelsud zur Hand, die Suppe mit 1 kleinen Dose Spargelabschnitte zubereiten. Die Flüssigkeit auf ½ l ergänzen, mit gekörnter Brühe abschmecken und zum Schluß die Abschnitte unter die Suppe geben.

## Kerbelsuppe

*40 g Butter*
*40 g Mehl*
*½ l Fleischbrühe*
*2 Bund Kerbel*
*Salz*
*Pfeffer*
*200 g Schlagsahne*
*⅛ l Weißwein*

Die Butter in einer Schüssel 1 Minute schmelzen lassen. Das Mehl zufügen und unter mehrmaligem Rühren 2 (1) Minuten anschwitzen lassen. Mit der Fleischbrühe aufgießen. Den Kerbel waschen, und kleinhacken. Zu der Fleischbrühe geben und mit Salz und frischgemahlenem Pfeffer abschmecken. Die Sahne und den Wein zugeben und nochmals 3 (2) Minuten erwärmen. In Suppentassen aufteilen und evtl. mit einigen Blättchen Kerbel verzieren.

**Anmerkung:** Als Variante kann man auch Sauerampfer, Brunnen- oder Gartenkresse verwenden, auch gemischte frische oder tiefgefrorene Kräuter schmecken sehr gut, sie sollten aber nicht durch getrocknete ersetzt werden.

*Spinatsoufflé (Rezept S. 12)*

## Scampi in Weißwein

*600 g Scampi, tiefgefroren*
*20 g Butter*
*1 EL Dill*
*1 EL Zitronenmelisse*
*1 Knoblauchzehe*
*⅛ l Weißwein*

Die Scampi 12–15 Minuten in Auftaustellung (180 W) antauen lassen. Auslösen und in Butter, den frischgehackten Kräutern, der in Würfeln geschnittenen Knoblauchzehe und dem Weißwein 4 (3) Minuten garen. Mit Toast und Butter servieren.

**Anmerkung:** Als Hauptmahlzeit die doppelte Menge Scampi verwenden und mit Reis und einem bunten Salatteller anrichten.

**TIP:** *Grundsätzlich behandelt man frischen Fisch nach dem 3-S-System:* **säubern – säuern – salzen.**

**Säubern:** Fisch sollte, falls er nicht schon küchenfertig vorbereitet ist, evtl. geschuppt und ausgenommen werden. Fisch sollte nie zu lange im Wasser liegen, sondern nur kurz unter fließendem kaltem Wasser abgespült werden.
**Säuern:** Da das Fleisch kein Vitamin C besitzt, sollte man Fisch mit Zitronen- oder Limonensaft säuern. Außerdem hebt die Säure den Geschmack. Nur bei feinen Fischen sollte man sparsam damit umgehen.
**Salzen:** Den Fisch erst kurz vor dem Braten salzen. Weiches Fischfleisch muß gesalzen werden und Zeit zum Ruhen haben. Fisch nimmt nur soviel Salz auf, wie er braucht.

## Fischsuppe

*250 g Goldbarschfilet*
*100 g Heringsrogen*
*1 EL Zitronensaft*
*¼ Sellerieknolle*
*1 Stange Lauch*
*2 Zwiebeln*
*1 Gewürzgurke*
*1 l Fleischbrühe*
*Salz*
*Pfeffer*
*⅛ l Weißwein*
*1 TL geriebener Meerrettich*
*1 EL Dill, gehackt*
*1 EL Petersilie, gehackt*

Das Fischfilet und den Rogen waschen, abtropfen lassen und in nicht zu kleine Stücke schneiden. Mit Zitronensaft beträufeln. Das Gemüse schälen, waschen und in kleine Würfel, die Gurke in Scheiben schneiden, in eine Schüssel geben und mit der Fleischbrühe aufgießen, mit Salz und Pfeffer abschmecken, 8 (7) Minuten garen. Nun den Fisch einlegen und 4 (3) Minuten garen. Mit Wein und Meerrettich abschmecken. Über die fertige Suppe Dill und Petersilie streuen. Mit Stangenweißbrot servieren.

**TIP:** *Der Fischeinkauf ist heute dank der hervorragenden Transport- und Kühlkette unproblematisch geworden. Man bekommt Fisch in Fischfachgeschäften und Fachabteilungen der Warenhäuser und Supermärkte in reicher Vielfalt frisch und gefroren angeboten. Frische Fische sind an folgenden Merkmalen zu erkennen:*
- *Die Augen sollten klar und gewölbt sein.*
- *Der Fisch muß eine glänzende Haut haben.*
- *Die Kiemen sollten von hellroter Farbe sein.*
- *Beim Drücken mit dem Finger dürfen keine Druckstellen zurückbleiben.*
- *Das Fleisch sollte hell, fest und elastisch sein.*

I
1
4
2
S.
Pi

Da
ein ... 1 EL von
der ... Milch anrühren und in die Mulde geben. 20 Minuten gehen lassen, nun die restliche Milch, Salz und Öl unterarbeiten. Den Teig solange schlagen, bis er Blasen wirft und sich vom Schüsselrand löst. Nochmals 20 Minuten gehen lassen. Dann rund ausrollen und in eine gefettete Tarteform ∅ 28 cm, aus Porzellan legen. Mit einer Gabel ein paarmal einstechen und nochmals gehen lassen. Für den Belag den Schinkenspeck in kleine Würfel schneiden. Die Eier und die Sahne gut miteinander verrühren, den Speck zugeben und mit Pfeffer und Salz abschmecken. Die Masse in die Tarteform füllen und bei 200–220 °C und zugeschalteter Auftaustufe (180 W), auf der 1. Einschubhöhe, 20–30 Minuten backen.

**Anmerkung:** Die Quiche Lorraine eignet sich gut als Vorspeise oder Zwischengericht.

## adischer Zwiebelkuchen

*und Verarbeitung wie Quiche*

*beln*
*hwachsener Speck*
*Sahne*

*nel*

...e Quiche Lorraine zubereiten, gehen lassen und in eine gefettete Tarteform ∅ 28 cm, einlegen. Die Zwiebeln schälen und in Ringe schneiden. Den Speck würfeln und zu den Zwiebeln geben. Die Sahne unterrühren und die ganzen Eier zugeben. Mit Salz, Pfeffer und Kümmel abschmecken. Gut durchrühren und die Masse auf dem Teig verteilen. Die Butter als Flöckchen obenauf setzen und den Kuchen bei 200–220 °C, mit zugeschalteter Auftaustufe (180 W) auf der 1. Einschubleiste, 30–40 Minuten backen.

**Anmerkung:** Den Hefeteig in doppelter Menge zubereiten und auf Vorrat einfrieren.

**Variante: Lauchkuchen**
Statt der Zwiebeln Lauch verwenden.

PRODUCE

# Hauptgerichte zum Verwöhnen

## Gefüllte Kalbsvögelchen

*4 Kalbsschnitzel (600 g)*
*2 EL Kräutersenf*
*Salz*
*Pfeffer*
**Füllung:**
*100 g Rinderhackfleisch*
*2 EL Petersilie, gehackt*
*1 Zwiebel (80 g)*
*1 Knoblauchzehe, ausgepreßt*
*1 Ei*
*20 g Butter*
*⅛ l Brühe (Instant)*
*3 Oliven, gefüllt*
*Petersilie zum Garnieren*
*Orangenscheiben zum Garnieren*

Die Schnitzel waschen und flach klopfen. Mit Senf einstreichen und mit Salz und Pfeffer würzen. Die Füllung aus Hackfleisch, Petersilie, gewürfelter Zwiebel, Knoblauchzehe und Ei herstellen, mit Salz und Pfeffer abschmekken. Die Masse auf die Schnitzel streichen und zusammenrollen, evtl. mit einem Zahnstocher oder mit Küchengarn binden. Die Rouladen in eine flache Schale legen und mit der Butter 8 (7) Minuten von allen Seiten anbraten. Mit der Brühe aufgießen und zugedeckt nochmals 6 (5) Minuten garen. Die Rouladen auf einer Platte anrichten, die Sauce dazugeben und mit den in Scheiben geschnittenen Oliven, etwas Petersilie und 2 Orangenscheiben garniert servieren.

## Kalbsschnitzel in Sherrysauce

*4 Kalbsschnitzel (600 g)*
*Salz*
*Pfeffer*
*40 g Butter*
*2 Zwiebeln (200 g)*
*4 Knoblauchzehen*
*2 grüne Paprikaschoten*
*125 g Champignons*
*2 Tomaten*
*50 g Schinken, mager, gekocht*
*2 EL Mandeln, gemahlen*
*⅛ l Sherry, trocken*

Die Schnitzel waschen abtrocknen und mit Salz und Pfeffer einreiben. Die Hälfte der Butter in eine flache Schale geben und die Schnitzel von beiden Seiten je 2 (1) Minuten anbraten. Die Zwiebeln und die Knoblauchzehen schälen und in feine Würfel schneiden. Die Paprikaschoten waschen, putzen, halbieren, die Kerne entfernen und ebenfalls würfeln. Die Champignons waschen, putzen und in dünne Scheiben schneiden. Die Tomaten mit kochendem Wasser übergießen, häuten und grob würfeln. Den Schinken in Würfel schneiden und alles in der restlichen Butter 8 (7) Minuten garen. Die Schnitzel zugeben, die Mandeln und den Sherry zufügen und nochmals kurz 1 Minute erhitzen. Mit körnig gekochtem Reis und frischem Salat servieren.

*Gefüllte Kalbsvögelchen*

## Salbeischnitzel

*4 Kalbsschnitzel (600 g)*
*Salz*
*Pfeffer*
*4 Scheiben Schinken, gekocht*
*4 frische Salbeiblätter*
*40 g Butter*
*⅛ l Marsala oder Weißwein*
*3 EL Schlagsahne*

Die Schnitzel waschen, abtrocknen und seitlich Taschen zum Füllen einschneiden, aber nicht ganz durchschneiden, den Rücken stehen lassen. Das Schnitzel aufklappen und mit Salz und Pfeffer bestreuen. Den Schinken und das Salbeiblatt einlegen und mit einem Zahnstocher verschließen. In einer flachen Form mit der Butter auf jeder Seite 4 (3) Minuten garen. Den Marsala aufgießen und den Bratenfond lösen. Mit der Sahne leicht binden. Mit Reis und Salaten servieren.

## Kasseler á la Hawaii

*800 g Kasseler am Stück ohne Knochen*
*Pfeffer*
*1 EL Paprikapulver, edelsüß*
*4 Scheiben Ananas aus der Dose*
*1 EL Honig*

Die Fettschicht mit einem scharfen Messer rautenförmig einschneiden. Mit Pfeffer und Paprikapulver bestreuen. In einer Form 15 (13) Minuten garen. Die Ananasscheiben abtropfen lassen und dazugeben. Mit dem Honig bestreichen und nochmals 15 (13) Minuten weitergaren. Das Fleisch in Scheiben schneiden und auf den Ananas anrichten. Mit Kartoffelpüree servieren.

## Schweinerollbraten

*1 kg Schweineschulter, gerollt*
*Salz*
*Pfeffer*
*1 TL Paprikapulver, edelsüß*
*2 EL Kräutersenf*
*1 TL Majoran*
*etwas Kümmel, gemahlen*
*40 g Butter*
*⅛ l Brühe (Instant)*
*150 g saure Sahne*

Den gerollten Schweinebraten salzen und pfeffern. Mit Senf einreiben und mit Paprika, Majoran und Kümmel bestreuen. Mit der Butter in eine offene Form geben und von allen Seiten 15 (13) Minuten anbraten. Mit der Brühe aufgießen und 45 (40) Minuten bei 200 °C, zugedeckt mit zugeschalteter Auftaustufe (180 W) garen. Den Braten etwas ruhen lassen. Die Sahne zugießen und den Fond damit lösen. Den Braten gegen die Faser in Scheiben schneiden, auf einer Platte anrichten und mit Semmelknödel und Erbsen servieren. Die Sauce getrennt dazu reichen.

**TIP:** *Es gibt Temperaturfühler und Thermometer speziell für die Microwelle, sie messen die Hitze der Speisen, man kann sie z. B. in einen Braten stecken um die Kerntemperatur abzulesen. Normale Thermometer dürfen in der Microwelle nicht verwendet werden, da daß Quecksilber die Verteilung der Microwellen stört.*

## Schweinefilet mit Backpflaumen

*200 g getrocknete Backpflaumen ohne Stein*
*¼ l lieblicher Weißwein*
*500 g Schweinefilet*
*Salz*
*Pfeffer*
*etwas Mehl*
*40 g Butter*
*⅛ l Hühnerbrühe (Instant)*
*⅛ l Schlagsahne*
*1 EL Mehl*
*1 EL Johannisbeergelee*
*1 TL Zitronensaft*

Die Pflaumen am besten über Nacht in Wein einweichen. Die Filets waschen, enthäuten und in 3 cm dicke Stücke schneiden. Mit Salz und Pfeffer würzen. Etwas Mehl leicht über die Filetscheiben stäuben und mit der Butter in eine Schüssel geben, 6 (5) Minuten andünsten. Die Backpflaumen mit dem Wein 3 (2) Minuten garen. Die Filets mit der Brühe aufgießen, Backpflaumen und Wein zugeben und offen 12 (10) Minuten garen. Die Sahne mit dem Mehl verrühren und zum Fleisch geben, nochmals 2 (1) Minuten garen. Mit dem Gelee und dem Zitronensaft abschmecken.

Mit Spätzle oder Butternudeln servieren.

## Schweinefilet mit Ananas süßsauer

*1 große Zwiebel (150 g)*
*1 EL Butter*
*1 kleine Dose Ananas in Stücken (560 g)*
*3 EL Sojasauce*
*2 EL Essig*
*½ TL Ingwer, gemahlen*
*⅛ l Brühe*
*1 EL Speisestärke*
*500 g Schweinefilet*
*1 grüne und 1 rote Paprikaschote*
*4 EL Ketchup*

Die Zwiebel in nicht zu kleine Würfel schneiden und mit der Butter in eine Form legen, 5 (4) Minuten anbraten. Die abgetropften Ananasstücke, Sojasauce, Essig und den gemahlenen Ingwer dazugeben. Die Brühe mit der Speisestärke verrühren und aufgießen. Das Fleisch waschen, abtrocknen, die Sehnen entfernen und in kleine Streifen schneiden. Das Fleisch zu den anderen Zutaten geben. Die Paprikaschoten waschen, entkernen und ebenfalls in Streifen schneiden. Auf dem Fleisch verteilen. Die Form mit einem Deckel oder Teller verschließen und 16 (14) Minuten garen. Das Ketchup zufügen.

Nach dem Garen durchrühren und evtl. noch etwas abschmecken. Mit Reis servieren.

## Königsberger Klopse

*500 g Hackfleisch, gemischt*
*1 Ei*
*1 Brötchen, altbacken*
*1 Zwiebel*
*1 Bund Petersilie*
*1 TL Paprikapulver, edelsüß*
*Salz*
*Pfeffer*
*1 Prise Muskatnuß*
**Sauce:**
*40 g Mehl*
*⅛ l Wasser*
*40 g Butter*
*⅛ l Weißwein*
*¼ l Schlagsahne*
*1 TL Salz*
*Pfeffer*
*1 Prise Zucker*
*1 TL Zitronensaft*
*3 EL Kapern*

Das Hackfleisch mit dem Ei und dem eingeweichten und ausgedrückten Brötchen mischen. Die Zwiebel in Würfel schneiden, die Petersilie waschen, hacken und unter die Masse mischen. Mit den Gewürzen abschmecken. Aus dem Fleischteig Bällchen formen und in einer Form mit einem Schuß Wasser, zugedeckt 9 (8) Minuten garen. Das Mehl mit dem Wasser verrühren, die Butter, Wasser, Wein, Sahne, Salz, Pfeffer, Zucker, Zitronensaft und die Kapern zugeben, mischen, in eine Schüssel geben und 6 (5) Minuten garen. Mehrmals umrühren. Die Klopse in die Sauce einlegen, 2 Minuten erwärmen. Mit Kartoffelbrei servieren.

**TIP:** *Man kann bei der Microwelle schon beim Garen das Geschirr verwenden, in welchem auch serviert werden soll. Auf diese Weise spart man Zeit, denn der Abwasch wird geringer. Fertige Gerichte, die nur erhitzt werden sollen, gleich auf dem Eßteller anrichten.*

## Filet Wellington

*1 kg gut abgehangenes Rinderfilet*
*Salz*
*Pfeffer*
*40 g Butter*
*300 g frische Champignons*
*1 Zwiebel (100 g)*
*30 g Butter*
*4 EL Kräutersenf*
*450 g tiefgefrorener Blätterteig, aufgetaut*
*1 Ei*

Das Rinderfilet waschen, abtrocknen und von Haut und Sehnen befreien. Mit Salz und Pfeffer einreiben und in einer flachen Schale von allen Seiten 6 (5) Minuten anbraten. Etwas abkühlen lassen. Die Champignons waschen, putzen und kleinschneiden. Die Zwiebel schälen und würfeln, im Bratfett 6 (5) Minuten andünsten. Herausnehmen, den Senf unterrühren. Den aufgetauten Blätterteig zu einem Rechteck ausrollen, das groß genug ist, das Fleisch zu umhüllen. Das Blätterteig-Rechteck, in der Mitte mit der Pilz-Senfmasse einstreichen und das Filet auflegen. Mit der restlichen Masse bestreichen. Die Teigränder mit Eiweiß einpinseln und den Teig um das Fleisch hüllen, die Ränder gut andrücken. Mit der „Naht"-Seite nach unten auf eine Platte legen und aus dem restlichen Teig kleine Blätter, mit einem scharfen Messer ausschneiden. Den Teig mit verquirltem Eigelb bestreichen, die Blätter als Dekoration aufsetzen, auch mit Ei bestreichen und 15 (13) Minuten mit zugeschalteter Auftaustufe (180 W) bei 200–220 °C offen garen. 5 Minuten ruhen lassen. In Scheiben aufschneiden und als festliches Essen mit einer gemischten Salatplatte oder frischen knackigen Gemüsen servieren.

*Filet Wellington*

Produce of France
1929
QUANCARD
SÉLECTIONNÉ PAR
Colman's
HORSERADISH

## Tafelspitz

*750 g Rindfleisch, gut abgehangen*
*1 Stange Lauch*
*2 Karotten*
*¼ Sellerieknolle*
*1 Petersilienwurzel*
*Salz*
*Pfeffer*
*½ l Brühe (Instant)*

Das Rindfleisch in portionsgerechte Scheiben schneiden. Das Gemüse waschen, putzen und in Ringe, Scheiben oder Würfel schneiden. Das Fleisch in eine Schüssel geben, das Gemüse dazulegen und mit Salz und Pfeffer würzen. Mit Brühe aufgießen und 25 (22) Minuten garen. Den Tafelspitz mit etwas Brühe und dem Gemüse, mit Meerrettichsauce oder Preiselbeeren und Salzkartoffel servieren.

## Roastbeef

*1 EL Butter*
*800 g Rinderlende, gut abgehangen*
*Pfeffer*
*Salz*

Die Butter in einer Tasse 1 Minute schmelzen lassen. Das Roastbeef waschen, abtrocknen und mit der Butter einstreichen. Mit frischgemahlenem schwarzen Pfeffer und etwas Salz einreiben. Das Fleisch in eine offene Glas- oder Porzellanschale legen und 9 (8) Minuten garen. Das Fleisch herausnehmen, in Alufolie wickeln und ca. 10 Minuten ruhen lassen. Nach dem Erkalten, gegen die Faserrichtung, in dünne Scheiben schneiden und mit Cumberland- oder Remouladensauce servieren.

**Anmerkung:** Bei 9 (8) Minuten ist das Fleisch innen englisch, bei 12 (10) Minuten rosa (medium).

## Bœuf Stroganoff

*1 große Zwiebel (150 g)*
*1 EL Butter*
*150 g frische Champignons*
*Pfeffer*
*Salz*
*500 g Rinderfilet, abgehangen*
*⅛ l Fleischbrühe*
*1 EL Speisestärke*
*2 EL Tomatenmark*
*¼ l saure Sahne*

Die Zwiebeln in nicht zu kleine Würfel schneiden. Mit der Butter in eine Form aus Glas oder Porzellan geben. Die Champignons waschen, putzen, halbieren und auf den Zwiebeln verteilen, mit frischgemahlenem schwarzen Pfeffer und etwas Salz würzen. 5 (4) Minuten offen andünsten. Das Fleisch waschen, abtrocknen und von allen Sehnen befreien, mit einem scharfen Messer in ca. 1 cm dicke und 5 cm lange Streifen schneiden. Zu den Champignons geben. Die Speisestärke in der Brühe anrühren, mit dem Tomatenmark und der sauren Sahne dazugießen. Die Form mit Deckel oder Teller verschließen und 18 (15) Minuten garen.

Mit Kartoffelbrei, Pommes frites oder Kroketten servieren, dazu paßt noch ein bunter Salatteller.

**TIP:** *Man hat lange Freude an Gewürzen und Kräutern, wenn man einige Punkte beachtet: Gewürzbehälter sollten nicht nur gut aussehen, sondern vor allem praktisch sein, also aromadicht, lichtundurchlässig und gut verschließbar. Sie brauchen einen kühlen, dunklen Platz, also nicht direkt über den Herd stellen. Gewürze sollte man möglichst ganz aufbewahren und erst bei Bedarf mahlen, sie entfalten so viel besser ihr volles Aroma.*

## Majoran Lammfleisch

*800 g Lammfleisch z. B. Schulter oder Schlegel*
*1 Bund Suppengrün*
*1 Zwiebel (100 g)*
*2 Knoblauchzehen, geschält*
*5 Pfefferkörner*
*1 Zweig Thymian oder ½ TL getrocknet*
*1 l Brühe (Instant)*
*30 g Butter*
*1 EL Mehl*
*1 TL Majoran, gerieben oder 1 EL frisch*
*1 Bund Petersilie*
*75 g saure Sahne*
*1 EL Zitronensaft*
*Salz*
*Pfeffer*

Das Fleisch waschen, abtrocknen und in Würfel schneiden. Das Suppengrün putzen und mit dem Fleisch, der gewürfelten Zwiebel, den Knoblauchzehen und den Gewürzen mit der Brühe 15 (13) Minuten geschlossen garen. Die Fleischbrühe durch ein Sieb gießen und mit den Fleischwürfeln zur Seite stellen. Die Butter in eine Schüssel geben und das Mehl 2 (1) Minuten anschwitzen, mit einem Teil der Brühe aufgießen, bis eine sämige Sauce entsteht, den Majoran und das Fleisch zufügen. Mit der gehackten Petersilie, der Sahne und dem Zitronensaft abschmecken. Evtl. nochmals erwärmen.

Mit Salzkartoffeln und Bohnengemüse s. S. 45 servieren.

**TIP:** *Fleisch sollte nach dem Garen immer noch einige Minuten im Herd verbleiben, damit sich der Fleischsaft setzt.*

## Lammfilet

*600 g Lammfilets*
*Salz*
*Pfeffer*
*Paprikapulver, edelsüß*
*2 Knoblauchzehen*
*40 g Butter*

Die Lammfilets waschen und enthäuten, mit Salz, frischgemahlenem Pfeffer und Paprikapulver einreiben. Die Knoblauchzehen schälen, auspressen und ebenfalls zu den Lammfilets geben. Die Butter in einer flachen Glasschale zerlassen 2 (1) Minuten und die Filets von allen Seiten 18 (15) Minuten anbraten. Dazu paßt hervorragend die Zitronensauce s. S. 51 und das Bohnengemüse s. S. 45.

## Mandel-Kaninchen

*4 Kaninchenteile z. B. Schlegel (1000 g)*
*3 EL Öl*
*1 Zwiebel*
*2 große Tomaten*
*⅛ l Weißwein*
*Salz*
*Pfeffer*
*50 g Mandeln, gerieben*
*1 Zwieback, gemahlen*

Die Kaninchenteile säubern und in einer flachen Schale mit dem Öl, der in Würfel geschnittenen Zwiebel 8 (6) Minuten anbraten. Die Tomaten mit heißem Wasser übergießen, häuten und in große Würfel zerteilen. Zu den Kaninchenteilen geben und mit dem Wein aufgießen. Mit Salz und Pfeffer abschmekken. Die Mandeln und den Zwieback zugeben und zugedeckt 25 (22) Minuten garen. Mit Kartoffeln oder Weißbrot servieren.

## Paprikarahmgulasch

*750 g Schweinehals*
*1 TL Salz*
*Pfeffer*
*1 EL Paprikapulver*
*2 Zwiebeln*
*1 rote Paprikaschote*
*1 grüne Paprikaschote*
*2 Tomaten*
*150 g saure Sahne*
*1 EL Mehl*
*2 EL Tomatenmark*
*1 Prise Zucker*

Das Fleisch waschen und in nicht zu kleine Würfel schneiden. Mit Salz, Pfeffer und Paprikapulver würzen. In eine Schüssel geben und 12 (10) Minuten garen. Umrühren. Die Zwiebel schälen und vierteln. Die Paprikaschoten waschen, halbieren, entkernen und in ca. 3×3 cm große Würfel schneiden, Tomaten häuten und ebenfalls würfeln, zum Fleisch geben und nochmals 15 (13) Minuten garen. Das Mehl in die saure Sahne rühren, Tomatenmark zugeben und unter das Gulasch rühren. Nochmals 2 (1) Minuten garen. Zum Schluß mit Zucker abschmecken. Dazu Nudeln, Kartoffelbrei oder Salzkartoffeln servieren.

*Rindfleisch mit Paprika*

## Rindfleisch mit Paprika

*500 g Rindfleisch*
*1 Zwiebel (150 g)*
*1 Knoblauchzehe*
*¼ l Rotwein*
*2 EL Paprikapulver, edelsüß*
*2 EL Tomatenmark*
*1 TL Zucker*
*Salz*
*Pfeffer*
*1 EL saure Sahne*

Das Fleisch in Würfel schneiden und mit der in Ringen geschnittenen Zwiebel, der ausgepreßten Knoblauchzehe 8 (7) Minuten, geschlossen garen.

Mit Rotwein aufgießen und mit dem Paprikapulver, Tomatenmark, Zucker, Salz und Pfeffer abschmecken, nochmals 30 (25) Minuten in den Herd stellen, vor dem Servieren mit der sauren Sahne verfeinern. Mit Butternudeln und Petersilie garniert servieren.

## Irish Stew

*1 kleiner Wirsing (500 g)*
*500 g Lamm- oder Schweinefleisch*
*3 Zwiebeln (300 g)*
*4 Kartoffeln*
*1 TL Salz*
*1 TL Pfeffer*
*1 TL Kümmel*
*¼ l Brühe (Instant)*

Den Wirsing putzen und in feine Streifen schneiden. Das Fleisch waschen, abtupfen und würfeln. Die Zwiebel und die Kartoffeln schälen und in Scheiben schneiden. Den Wirsing abwechselnd mit dem Fleisch, den Zwiebeln und Kartoffeln in eine Form schichten und jede Lage mit den Gewürzen bestreuen. Mit der Brühe aufgießen und 30 (25) Minuten geschlossen garen.

## Senegalesisches Zitronenhähnchen

*1 Hähnchen (1000 g)*
*Salz*
*Pfeffer*
*1 EL Butter*
*1 Zitrone*
*2 Zwiebeln (200 g)*
*200 g Schlagsahne*
*20 g Mehl*
*1 TL Zucker*
*1 TL Brühe (Instant)*
*1 Bund Petersilie, gehackt*

Das Hähnchen waschen, abtrocknen und in 4 Teile zerlegen, salzen und pfeffern. In eine flache Form mit Rand legen und die Butter als Flöckchen obenaufsetzen. Jeweils 4 (3) Minuten von beiden Seiten anbraten. Die Zitrone auspressen und zu den Teilen geben. Die Zwiebel schälen und in Achtel schneiden, zugeben. 10 (9) Minuten garen. Die Sahne mit dem Mehl verrühren und über die Hähnchenteile gießen, umrühren und nochmals 2 (1) Minuten garen. Mit Zucker und Brühe abschmecken, gut durchrühren. Zum Schluß die gehackte Petersilie darüberstreuen und mit Wildreis und grünem Salat servieren.

**TIP:** *Gerichte die Säure d. h. Zitronensaft, Essig oder Wein enthalten, kann man mit 1 Prise Zucker abrunden. Die Speisen sind geschmacklich dann vollmundiger.*

## Hähnchenkeulen provencial

*4 Hähnchenkeulen*
*2 TL Kräutersenf*
*½ TL Thymian*
*Salz*
*Pfeffer*
*Paprikapulver, edelsüß*
*1 EL Butter*
*1 Zwiebel*
*2 EL Schlagsahne*
*1 TL Mehl*
*1 EL Ketchup*
*1 Prise Zucker*
*je 6 Oliven, grün und schwarz*
*1 EL Zitronenschalenstreifen*

Die Hähnchenkeulen waschen und abtrocknen. Mit Senf einreiben und mit Thymian, Salz und Pfeffer würzen. Die Keulen in eine flache Glasschale legen und den Paprika darüberstreuen. Mit einer Gabel ein paarmal einstechen, damit sie beim Garen keine Blasen werfen. Die Butter zugeben, ebenso die in Ringe geschnittene Zwiebel 12 (10) Minuten garen. Die Sahne mit Mehl und Ketchup verrühren, evtl. noch mit etwas Wasser verdünnen, mit Zucker abschmecken und über die Keulen gießen. Nochmals 3 (2) Minuten garen. Die Zitronenstreifen und die Oliven darüberstreuen und mit Reis und grünem Salat servieren.

## Hähnchen mit Vermouth

*1 Hähnchen (1000 g)*
*1 EL Butter*
*¼ l Vermouth*
*1 Dose geschälte Tomaten, 425 g*
*¼ l Schlagsahne*
*20 g Mehl*

Das Hähnchen waschen, abtrocknen und in 4 Teile zerlegen. Mit Salz und Pfeffer einreiben. In eine breite Schüssel mit Rand einlegen und 12 (10) Minuten mit der Butter anbraten. Mit dem Vermouth aufgießen und die Tomaten grob zerkleinert zufügen. Frische Tomaten kurz in heißes Wasser tauchen, schälen und grob zerkleinern, 3 (2) Minuten garen. Die Sahne mit dem Mehl verrühren, über die Hähnchenteile gießen und nochmals 2 (1) Minuten in den Herd stellen. Mit frischem Baguette und Rotwein servieren.

## Hähnchen exotisch

*1 Hähnchen (1000 g)*
*1 EL Butter*
*6 Scheiben Ananas*
*1 Banane*
*1 TL Paprikapulver, edelsüß*
*1 EL Curry*
*Salz*
*Pfeffer*
*200 g Schlagsahne*
*20 g Mehl*

Das Hähnchen waschen, abtrocknen und halbieren. Die Butter in eine Auflaufform geben, die Ananasscheiben hineinlegen. Die Bananen schälen und in Scheiben schneiden, ebenfalls dazugeben. Das Hähnchen mit Paprikapulver, Curry, Salz und Pfeffer einreiben, auf das Obst legen, 15 (13) Minuten garen. Die Sahne mit dem Mehl verrühren und über die Hähnchenhälften geben, 3 (2) Minuten garen. Durchrühren, mit Reis servieren.

## Hähnchen in Burgundersauce

*1 Hähnchen (1000 g)*
*20 g Butter*
*12 Schalotten*
*50 g Schinkenspeck*
*100 g Champignons*
*¼ l trockenen Rotwein (Burgunder)*
*2 Knoblauchzehen*
*1 Lorbeerblatt*
*Salz*
*Pfeffer*
*1 EL Mehl*
*4 EL Wasser*
*2 cl Cognac*
*1 Bund Petersilie*

Das Hähnchen waschen, abtrocknen und in 4–6 Teile zerlegen, salzen und pfeffern. Mit der Butter in eine Glasschüssel legen und jeweils 2 (1) Minuten von jeder Seite anbraten. Die Schalotten schälen und in Würfel schneiden. Den Speck ebenfalls würfeln, die Champignons waschen, putzen und halbieren. Alles in eine Schüssel geben und 2 (1) Minuten braten. Mit dem Wein aufgießen und die geschälten, gewürfelten Knoblauchzehen und das Lorbeerblatt zufügen 2 (1) Minuten kochen lassen. Den Weinsud zum Hähnchen geben und 10 (9) Minuten garen. Das Mehl mit dem Wasser verrühren und mit dem Cognac zum Hähnchen geben, nochmals 2 (1) Minuten erhitzen. Die Petersilie waschen, hacken und vor dem Servieren über das Hähnchen streuen. Mit Stangenweißbrot servieren.

## Hirschgulasch

*1 kg Hirschfleisch z. B. Hals oder Schulter*
*Salz*
*Pfeffer*
*2 große Zwiebeln (300 g)*
*1 Stange Lauch*
*2 Karotten*
*¼ Sellerieknolle*
*1 Petersilienwurzel*
*2 Knoblauchzehen*
*40 g Butter*
*¼ l Rotwein*
*1 EL Paprikapulver, edelsüß*
*½ TL Majoran*
*etwas Kümmel, gemahlen*
*1 Lorbeerblatt*
*4 Wacholderbeeren*
*6 Pfefferkörner*
*2 EL Tomatenmark*
*150 g saure Sahne*

Das Fleisch in Würfel schneiden, salzen und pfeffern, mit dem gewaschenen in Ringe oder Würfel geschnittenen Gemüse, den ausgepreßten Knoblauchzehen in Butter 8 (7) Minuten anbraten. Mit dem Rotwein aufgießen und die Gewürze zufügen, zudecken und 26 (23) Minuten garen. Die Sauce durch ein Sieb passieren und mit dem Tomatenmark und der Sahne binden. Nochmals 1 Minute mit dem Fleisch erhitzen und mit Spätzle oder Nudeln servieren. Dazu schmeckt sehr gut Apfelmus oder Preiselbeeren.

## Frikadellen

*500 g Hackfleisch, gemischt*
*1 Ei*
*1 Brötchen, altbacken*
*1 Zwiebel*
*1 Bund Petersilie*
*1 EL Paprikapulver, edelsüß*
*Salz*
*Pfeffer*

Das Hackfleisch mit dem Ei und den eingeweichten, ausgedrückten Brötchen mischen. Die Zwiebel in Würfel schneiden, die Petersilie waschen und kleinschneiden und unter die Masse mischen. Mit 1 TL Paprikapulver, Salz und Pfeffer abschmecken. Aus dem Fleischteig Frikadellen formen, mit dem restlichen Paprikapulver bestreuen und 9 (8) Minuten garen.

**Anmerkung:** Wenn man es eilig hat, kann man für den Fleischteig auch eine fertige Gewürzmischung verwenden, sie enthält alle Zutaten außer Fleisch und Flüssigkeit.

**TIP:** *Paprikapulver auf Frikadellen oder Hähnchenkeulen gestreut, verleiht ihnen ein appetitliches Aussehen. Speisen mit Zitronenscheiben belegt oder kleingehackten Kräutern bestreut, sehen frischer und attraktiver aus.*

*Hähnchenkeulen Provençial (Rezept S. 28)*

## Seezungenröllchen mit Ananas

*8 Seezungenfilets*
*1 EL Zitronensaft*
*Salz*
*Pfeffer*
*100 g frische Champignons*
*30 g Butter*
*⅛ l Sherry*
*8 Ananasscheiben*
*2 Tomaten*
*1 EL Petersilie, gehackt*

Die Filets waschen, häuten und mit Zitronensaft beträufeln. Mit Salz und Pfeffer würzen. Die Champignons waschen, putzen und in Scheiben schneiden. Mit der Butter in einer flachen Schale 2 (1) Minuten andünsten. Die Pilze in die Filets füllen und mit einem Zahnstocher zustecken. In der Schale mit Sherry 8 (7) Minuten garen. Die Ananasscheiben mit etwas Butter 4 (3) Minuten anbraten und auf einer Platte anrichten. Die Tomaten waschen und in Streifen schneiden. Die Seezungenröllchen zu den Ananasscheiben geben, die Tomaten obenauflegen und mit Petersilie garniert servieren. Dazu passen Pellkartoffeln.

## Forelle in Weißweinsud

*4 Forellen*
*Salz*
*Pfeffer*
*2 Zwiebeln (200 g)*
*¼ l trockener Weißwein*
*1 Lorbeerblatt*
*½ TL Basilikum*
*½ TL Thymian*
*½ TL Petersilie*
*etwas Salbei*
*1 Knoblauchzehe*
*30 g Butter*
*2 Eigelb*

Die Forellen waschen, ausnehmen, abtrocknen. Innen und außen mit Salz und Pfeffer einreiben. Die Zwiebeln schälen und in Würfel schneiden. Die Fische in eine Auflaufform geben, die Zwiebeln darüberstreuen und den Wein zugeben. Die Kräuter waschen und kleinhacken oder getrocknete verwenden. Die Knoblauchzehe auspressen und mit den Kräutern über den Forellen verteilen. Die Butter als Flöckchen aufsetzen und 10 (9) Minuten zugedeckt garen. Die Fische herausnehmen und den Sud durch ein Sieb gießen, die Forellen solange warmstellen. Die Sauce etwas einkochen lassen 2 (1) Minuten, und mit dem verquirlten Eigelb binden. Die Sauce über die Fische gießen und mit Salzkartoffeln und gemischtem Salat servieren.

**TIP:** *Fisch ist besonders für die Microwelle geeignet. Er gart im eigenen Saft, mit oder ohne Gemüse, eine kulinarische Köstlichkeit.*

## Wels auf Gemüse

*1 Wels (Waller) (1200 g)*
*1 Stange Lauch*
*1 Karotte*
*¼ Sellerieknolle*
*4 Schalotten oder 1 Zwiebel*
*1 Lorbeerblatt*
*1 Zweiglein Thymian*
*4 Pfefferkörner*
*2 Wacholderbeeren*
*30 g Butter*
*Salz*
*¼ l Weißwein*

Den Fisch waschen, Kopf, Schwanz und Flossen abschneiden, entgräten und in 4 gleichgroße Stücke teilen. Die Fischreste mit den gewaschenen, in Ringe, Scheiben oder Würfel geschnittenen Gemüsen und den Gewürzen in Butter 3 (2) Minuten anbraten, mit Salz abschmecken und mit dem Weißwein aufgießen. Nochmals 3 (2) Minuten aufkochen, die Sauce durch ein Sieb laufen lassen und mit den Fischteilen und dem Gemüse nochmals 8 (7) Minuten dünsten. Den Fisch herausheben und auf dem Gemüse anrichten. Dazu passen Salzkartoffeln.

**TIP:** *Fleisch ist gar, wenn man mit einer Gabel einsticht und das Fleisch leicht nachgibt. Der austretende Fleischsaft muß klar bleiben, außer man will ein Stück „medium" oder „englisch" gegart haben z. B. ein Roastbeef. Hähnchen sind gar, wenn sich das Fleisch an den Keulen zurückzieht und der Knochen sich leicht bewegen läßt.*

*Fisch ist gar, wenn man beim ganzen Fisch die Rückenflosse leicht herausziehen kann oder beim Stück sich das Fleisch leicht mit einer Gabel zerpflükken läßt.*

## Kabeljau mit Kräutersenfsauce

*4 Kabeljaufilets*
*1 EL Zitronensaft*
*Mehl*
*Salz*
*Pfeffer*
*40 g Butter*

Die Fischfilets mit dem Zitronensaft beträufeln, leicht mit Mehl überstäuben und mit Salz und Pfeffer bestreuen. Die Butter in eine Form geben, die Filets einlegen und 8 (7) Minuten garen. Dazu eine Kräutersenfsauce s. S. 50 zubereiten, diese über die Filets gießen und mit Petersilie garniert servieren.

## Karpfen auf Dalmatinische Art

*1 Karpfen (1200 g)*
*Salz*
*Pfeffer*
*1 EL Mehl*
*3 EL Butter*
*2 Zwiebeln (200 g)*
*6 Tomaten*
*⅛ l Weißwein*
*1 EL Weinessig*
*1 Prise Zucker*

Den Fisch waschen, Kopf, Schwanz und Flossen abschneiden und den Karpfen filetieren. Die Filets mit Salz und Pfeffer einreiben und mit dem Mehl bestäuben. Mit der Butter und den in Würfel geschnittenen Zwiebeln in einer flachen Schale 4 (3) Minuten anbraten. Die Tomaten mit heißem Wasser übergießen, häuten und in grobe Würfel schneiden, zugeben, mit dem Wein und Essig aufgießen, nochmals 4 (3) Minuten zugedeckt garen. Vor dem Servieren mit Zucker abschmecken.

## Mexikanische Fischpfanne

*750 g Kabeljaufilet*
*1 EL Zitronensaft*
*2 große Zwiebeln (300 g)*
*1 grüne Paprikaschote*
*1 rote Paprikaschote*
*4 Tomaten*
*1 Dose Maiskörner (425 g)*
*Salz*
*Pfeffer*
*1 Bund Petersilie*

Den Kabeljau waschen und in nicht zu kleine Würfel schneiden. Mit dem Zitronensaft beträufeln. Die Zwiebeln schälen und in grobe Stücke zerteilen. Die Paprikaschoten waschen, entkernen und in ca. 4 cm große Stücke schneiden. Die Tomaten kurz in heißes Wasser tauchen, enthäuten und grob hacken. Den Mais gut abtropfen lassen und nun den Fisch, abwechselnd mit den Gemüsen in eine Glasschüssel mit hohem Rand einfüllen, die Lagen jeweils mit etwas Salz und Pfeffer bestreuen. Die Petersilie waschen, kleinschneiden und zum Schluß auf die Fischpfanne streuen. Geschlossen 8 (7) Minuten garen. Dazu paßt Reis und ein gemischter Salat.

**TIP:** *Wenn man einen Auflauf in den neuen dekorativen Glasschüsseln mit kunststoffbeschichteten Metallhalterungen zubereiten will, sollte man daran denken, daß die Kunststoffbeschichtung schmilzt, also Halterung vorher abnehmen.*

## Rosenkohlauflauf

*300 g Rosenkohl*
*3 Kartoffeln (300 g)*
*2 Zwiebeln (200 g)*
*300 g Hackfleisch, gemischt*
*1 Ei*
*3 EL Semmelbrösel*
*½ Zwiebel*
*1 Bund Petersilie*
*Pfeffer*
*Salz*
*200 g Schlagsahne*
*2 EL Ketchup*
*50 g Emmentaler, gerieben*

Den Rosenkohl 12 (10) Minuten vorgaren. Die Hälfte in eine Schüssel mit hohem Rand einlegen, zu große Röschen evtl. halbieren. Die Kartoffeln schälen und in dünne Scheiben schneiden, ebenso die Zwiebeln. Die Hälfte der Kartoffeln und der Zwiebeln auf den Rosenkohl schichten, etwas salzen und pfeffern. Das Hackfleisch mit dem Ei, den Semmelbröseln, der gewürfelten Zwiebel, der gehackten Petersilie anmachen und mit Salz und Pfeffer abschmecken. Eine Lage auf das Gemüse streichen. Nun den restlichen Rosenkohl und die Zwiebeln einschichten, darauf die zweite Hackfleischschicht und den Rest der Kartoffelscheiben. Die Sahne mit dem Ketchup verrühren und über den Auflauf gießen. Mit dem Emmentaler bestreuen und geschlossen 23 (20) Minuten garen.

**Anmerkung:** Diesen Auflauf kann man auch mit Lauch zubereiten, die Garzeit beträgt dann nur 23 Minuten, das Vorgaren des Lauchs entfällt.

*Seezungenröllchen mit Ananas (Rezept S. 32)*

## Gefüllte Kohlrouladen

*4 große Weißkohlblätter*
*400 g Hackfleisch, gemischt*
*1 Brötchen, altbacken*
*1 Zwiebel (150 g)*
*1 Ei*
*1 TL Salz*
*Pfeffer*
*1 Bund Petersilie*
*etwas Knoblauch*
*30 g Butter*
**Sauce:**
*⅛ l Brühe*
*⅛ l saure Sahne*
*2 EL Ketchup*
*1 TL Speisestärke*

Die Weißkohlblätter vom Kopf ablösen, waschen. Das Hackfleisch in eine Schüssel geben, das eingeweichte Brötchen ausdrücken. Die in Würfel geschnittene Zwiebel, das Ei, Salz, Pfeffer und die gehackte Petersilie zu einem Fleischteig verarbeiten. Den Teig auf die Kräuterblätter verteilen und diese zusammenrollen, evtl. mit einem Faden oder einem Zahnstocher zusammenstecken oder binden. Die Butter in eine feuerfeste Form geben, die Rouladen einsetzen, zudecken und 16 (14) Minuten garen. Für die Sauce Brühe, Sahne, Ketchup, Paprikapulver und Speisestärke zu einer glatten Masse zusammenrühren und über die Rouladen gießen. Nochmals 2 (1) Minuten in den Herd stellen. Mit Kartoffelpürre oder Salzkartoffeln servieren.

**Anmerkung:** Dieses Rezept läßt sich auch mit Rotkohlblättern zubereiten.

## Gefüllte Tomaten Gärtnerin

*4 große Gemüsetomaten*
*400 g Hackfleisch, gemischt*
*1 Brötchen, altbacken*
*1 Zwiebel (150 g)*
*1 Ei*
*1 TL Salz*
*Pfeffer*
*½ Bund Basilikum*
*1 Stengel Liebstöckel*
*etwas Knoblauch*
**Sauce:**
*⅛ l Brühe*
*⅛ l Schlagsahne*
*3 EL Ketchup*
*1 TL Speisestärke*

Die Tomaten waschen, den Deckel abschneiden und mit einem Kaffeelöffel die Kerne herausholen. Das Hackfleisch in eine Schüssel geben, das eingeweichte Brötchen ausdrükken und zugeben. Die in Würfel geschnittene Zwiebel, das Ei, Salz, Pfeffer und die gehackten Kräuter zu einem Fleischteig verarbeiten. Die Tomaten damit füllen, den Deckel aufsetzen. Die Butter in eine Glasschüssel mit Dekkel geben die Tomaten einsetzen und 5 (4) Minuten garen. Für die Sauce die restlichen Zutaten zusammenrühren und zu den Tomaten geben, 2 (1) Minuten garen. Mit Kartoffelpüree servieren.

## Gefüllte Zucchini nach Balkan Art

*4 nicht zu kleine Zucchini*
*400 g Hackfleisch, gemischt*
*1 Brötchen, altbacken*
*1 Zwiebel (150 g)*
*1 Ei*
*1 TL Salz*
*Pfeffer*
*1 Bund Dill*
*2 Knoblauchzehen*
*30 g Butter*
**Sauce:**
*⅛ l Brühe*
*⅛ l saure Sahne*
*3 EL Ketchup*
*1 TL Speisestärke*

Die Zucchini waschen, den Stengelansatz abschneiden, der Länge nach halbieren, mit einem Kaffeelöffel aushöhlen. Das Hackfleisch in eine Schüssel geben, das eingeweichte Brötchen ausdrücken und zugeben. Die in Würfel geschnittene Zwiebel, das Ei, Salz, Pfeffer und den gehackten Dill dazumischen. Die Knoblauchzehen schälen und durchpressen, dazugeben. Alles zu einem Fleischteig verarbeiten. Die Zucchinihälften damit füllen. Die Butter in eine Auflaufform geben, die Zucchini einsetzen und 6 (5) Minuten garen. Die Zutaten für die Sauce zusammenrühren und über die Zucchini gießen, nochmals 2 (1) Minuten garen. Mit Reis oder Salzkartoffeln servieren.

## Gefüllte Paprikaschoten

*4 rote Paprikaschoten*
*400 g Hackfleisch, gemischt*
*1 Brötchen, altbacken*
*1 Zwiebel (150 g)*
*1 Ei*
*1 TL Salz*
*Pfeffer*
*1 Bund Petersilie oder 1 EL getrocknete*
*etwas Knoblauch*
*30 g Butter*
**Sauce:**
*⅛ l Brühe (Instant)*
*⅛ l Schlagsahne*
*3 EL Ketchup*
*½ TL süßes Paprikapulver*
*1 TL Speisestärke*

Die Paprikaschoten waschen, den Deckel abschneiden und aushöhlen. Das Hackfleisch in eine Schüssel geben, das eingeweichte Brötchen ausdrücken, die gehackte Zwiebel, das Ei, Salz, Pfeffer und die gehackte Petersilie zu einem Fleischteig verarbeiten. Evtl. mit etwas Knoblauchpulver abschmecken.

Die Paprikaschoten mit diesem Teig füllen. Die Butter in eine Auflaufform mit Deckel geben und die Paprikaschoten einsetzen, zudecken und 16 (14) Minuten garen. Die Form herausnehmen. Die Brühe, Sahne, das Ketchup, Paprikapulver und die Speisestärke mischen und glattrühren. Zu den Paprikaschoten geben und nochmals 2 (1) Minuten in den Herd stellen. Mit Reis, Salzkartoffeln oder Kartoffelpüree servieren.

## Französischer Hasentopf

*1000 g Kaninchen- oder Hasenteile*
*Salz*
*100 g Speck, fett*
*150 g getrocknete Pflaumen ohne Stein*
*100 g Rosinen*
*2 Saucenlebkuchen*
*2 Zwiebeln, gewürfelt*
*2 Knoblauchzehen, in Scheiben*
*1 Lorbeerblatt*
*1 Zweig Rosmarin*
*4 Wacholderbeeren*
*6 Pfefferkörner*
*1 Nelke*
*½ l Rotwein*

Die Kaninchenteile waschen, häuten, trocknen und salzen. Den Speck in dünne Scheiben schneiden. Die Teile in eine hohe Form oder Schüssel geben und mit den Speckscheiben belegen. 8 (7) Minuten anbraten. Die Pflaumen, Rosinen, die geriebenen Saucenlebkuchen, Zwiebel, Knoblauchzehen und die Gewürze mit in die Form geben und mit dem Rotwein aufgießen, die Kaninchenteile sollten bedeckt sein. Die Form zudecken und 30 (25) Minuten garen. Nach Hälfte der Garzeit die Teile einmal wenden und die Sauce durchrühren. Den Hasentopf mit Bauernspätzle und Bratapfel s. S. 53 servieren. Dazu paßt ein kräftiger Rotwein.

## Szegediner Gulasch

*500 g magere Schweineschulter*
*4 Zwiebeln (400 g)*
*½ TL Salz*
*Pfeffer*
*40 g Butter*
*3 EL Paprikapulver, edelsüß*
*½ TL Kümmel, gemahlen*
*2 Knoblauchzehen, ausgepreßt*
*⅛ l Brühe (Instant)*
*250 g Kartoffeln*
*500 g Weinsauerkraut*
*1 TL Zucker*
*150 g saure Sahne*

Das Fleisch waschen, abtrocknen und in nicht zu große Würfel schneiden. Die Zwiebeln schälen und würfeln. Das Fleisch salzen und pfeffern, mit den Zwiebeln und der Butter in einer Glasschüssel 10 (9) Minuten garen. Den Paprika, Kümmel und die Knoblauchzehen dazugeben. Mit der Brühe aufgießen. Die Kartoffeln schälen und in Würfel schneiden, Sauerkraut zugeben, gut durchrühren. Nun geschlossen nochmals 20 (17) Minuten garen. Vor dem Servieren mit Zucker abschmecken und auf jede Portion 1 EL saure Sahne geben.

*Gefüllte Tomaten Gärtnerin (Rezept S. 36)*

## Hähnchentopf auf Bauern Art

*1 Hähnchen (1000 g)*
*Salz*
*Pfeffer*
*40 g Butter*
*1 EL Öl*
*100 g durchwachsenen Speck*
*200 g Champignons*
*1 Bund Frühlingszwiebel*
*500 g Kartoffeln*
*¼ l Hühnerbrühe*
*2 EL gehackte Petersilie*

Das Hähnchen waschen, abtrocknen und in vier Teile zerlegen. Mit Salz und Pfeffer einreiben. Die Butter und das Öl in eine Form geben und die Hähnchenteile darin von beiden Seiten je 4 (3) Minuten anbraten. Den Speck in Würfel schneiden und zugeben. Die Pilze waschen, putzen und halbieren. Die Zwiebeln waschen, putzen und in Ringe schneiden, auch das Grün. Die Kartoffeln schälen und in Würfel schneiden, alles zu den Geflügelteilen geben und mit der Brühe aufgießen. Im Microwellenherd 12 (10) Minuten garen. Mit gehackter Petersilie garniert servieren.

## Quark-Apfelauflauf

*1 TL Butter*
*500 g Speisequark*
*3 Eier*
*100 g Zucker*
*1 Vanillinzucker*
*Schale und Saft von ½ Zitrone*
*100 g Milchreis*
*500 g säuerliche Äpfel z. B. Boskop*
*⅛ l Milch*
*20 g Butter*

Eine Auflaufform mit Deckel mit Butter einstreichen. Den Quark mit den Eiern, Zucker, Vanillinzucker, Schale und Saft der unbehandelten Zitrone und dem Reis verrühren. Die Äpfel schälen, vierteln, das Kerngehäuse entfernen, in kleine Stücke schneiden und unterheben. Die Masse in die Auflaufform füllen und 16 (14) Minuten geschlossen garen. Dann den Deckel öffnen, die restliche Butter als Flöckchen darauf verteilen und nochmals 6 (5) Minuten offen, wenn vorhanden, mit dem Flächengrill weitergaren.

**Anmerkung:** Der Auflauf kann auch ohne Reis zubereitet werden, dann die Milch weglassen. Garzeit: geschlossen 8 (7) Minuten, offen 7 (6) Minuten garen.

**Varianten:** Statt der Äpfel 500 g Aprikosen aus der Dose oder Kirschen verwenden, auch frisches Obst schmeckt sehr gut.

# Beilagen und Saucen – köstliche Ergänzungen

## Bohnen mit Walnüssen

*600 g tiefgekühlte Saubohnen (Dicke Bohnen)*
*20 g Butter*
*1 kleine Zwiebel*
*⅛ l Hühnerbrühe (Instant)*
*200 g Emmentaler, gerieben*
*1½ TL Dijonsenf*
*1 TL Worcestersauce*
*100 g Walnüsse, gehackt*

Die Bohnen in 14 Minuten auftauen. Die Butter in eine Schüssel geben. Die Zwiebel schälen und in kleine Würfel schneiden, mit der Butter 2 (1) Minuten andünsten. Die Brühe zugeben, Käse, Senf und Worcestersauce unterrühren, die Bohnen und die Walnüsse zugeben und 16 (14) Minuten garen. Die Bohnen schmecken zu kurzgebratenem Fleisch.

**TIP:** *Bohnenkerne gibt es auch getrocknet in unterschiedlichen Bohnensorten: schwarze, weiße, rote, kleine, große, runde und längliche. Die Bohnenkerne sollten grundsätzlich über Nacht eingeweicht werden, d. h. für mindestens 12 Stunden und dann in Salzwasser gekocht werden. Man kann sie auch als Eintopf und Salat verarbeiten.*

## Apfel-Rotkraut

*1 kg Rotkraut*
*2 säuerliche Äpfel*
*1 Zwiebel*
*3 Nelken*
*1 Lorbeerblatt*
*1 EL Butter*
*⅛ l Wasser*
*⅛ l Rotwein*
*1 TL Salz*
*3 TL Zucker*

Das Rotkraut halbieren, den Strunk herausschneiden, dann in feine Streifen schneiden. Die Äpfel schälen, vierteln, das Kerngehäuse entfernen und in Stücke schneiden. Die Zwiebel schälen und mit den Nelken spicken. Alles in eine Schüssel geben. Lorbeerblatt, Butter und die Flüssigkeit zugeben. Mit Salz und Zucker abschmecken. Die Schüssel mit einem Teller abdecken und 15 (13) Minuten garen. Nach dem Garen die Nelken aus der Zwiebel herausziehen und das Lorbeerblatt entfernen. Das Apfel-Rotkraut schmeckt sehr gut zu Rouladen, Rindfleisch und Wildgerichten.

## Rosenkohl mit Speckwürfel

*500 g Rosenkohl*
*150 g durchwachsener Speck*
*⅛ l Wasser*

Den Rosenkohl mit Wasser in eine Porzellanschüssel geben, zudecken 12 (10) Minuten garen, herausnehmen und umrühren. Den Speck in kleine Würfel schneiden und über den Rosenkohl streuen, nochmals 6 (5) Minuten garen.

**Anmerkung:** Das Rezept reicht für 2–3 Personen, bei doppelter Menge die Garzeit fast verdoppeln. Sehr große Röschen evtl. halbieren.

**TIP:** *Das Gemüse sollte man in etwa gleichgroße Stücke schneiden um ein gleichmäßiges Garen zu gewährleisten. Außerdem sollte man artverwandte Sorten zusammen garen wie z. B. Karotten, Blumenkohl, Rosenkohl oder Sellerie, sie haben längere Garzeiten als Paprikaschoten, Zucchini oder Fenchel. Tiefgefrorenes Gemüse ist vorblanchiert und hat die gleiche Garzeit für alle Sorten. Man kann es zusammen in einen Topf geben.*

*Hähnchentopf auf Bauern Art*
*(Rezept S. 40)*

## Ungarisches Gemüse

*Je 1 rote, grüne und*
*gelbe Paprikaschote (400 g)*
*1 große Zwiebel (150 g)*
*2 Tomaten (300 g)*
*2 Knoblauchzehen*
*1 EL Butter*
*1 EL Ketchup*
*⅛ l Brühe (Instant)*
*2 EL Schlagsahne*
*1 TL Speisestärke*
*1 TL Salz*

Die Paprikaschoten waschen, entkernen und in Streifen schneiden. Die Zwiebel schälen und in große Würfel zerteilen. Die Tomaten kurz in heißes Wasser tauchen, schälen und in grobe Würfel hacken. Die Knoblauchzehen schälen und feinschneiden. Alles in eine Schüssel geben und 12 (10) Minuten garen, durchrühren. Butter, Ketchup und Brühe zufügen. Die Sahne mit der Speisestärke verrühren, mit Salz abschmecken und zum Gemüse geben. Zugedeckt weitere 6 (5) Minuten garen. Paßt gut zu kurzgebratenem Fleisch.

## Spargel

*500 g frischer Spargel*
*¼ l Wasser*
*Salz*
*Zucker*
*1 EL Zitronensaft*

Den Spargel von oben nach unten schälen und alle holzigen Teile abschneiden. In eine längliche Porzellanschale legen, Wasser Salz, Zucker und Zitronensaft zugeben 10 (9) Minuten garen, herausnehmen und wenden, dann nochmals 5 (4) Minuten weitergaren. Den Spargel herausnehmen und mit zerlassener Butter und gekochtem Schinken oder Kräuterrührei, Rezept s. S. 11, und neuen Butterkartoffeln servieren.

## Gratinierter Broccoli

*350 g tiefgekühlter Broccoli*
*2 EL Wasser*
*Salz*
*Pfeffer*
*2 Tomaten*
*25 g Semmelbrösel*
*30 g Butter*
*30 g Mehl*
*¼ l Schlagsahne*
*75 g Emmentaler, gerieben*
*½ TL Senf*

Den Broccoli 12 Minuten zugedeckt, mit 2 EL Wasser auftauen. In eine feuerfeste Auflaufform geben, salzen, pfeffern. Die Tomaten kurz mit heißem Wasser übergießen, häuten und vierteln. Mit den Semmelbröseln über den Broccoli geben. Aus Butter und Mehl eine Mehlschwitze 2 (1) Minuten herstellen. Mit der Sahne aufgießen und gut durchrühren. Den Käse und den Senf zugeben und die Masse über den Broccoli gießen 9 (8) Minuten garen. Zu kurzgebratenem oder gegrilltem Fleisch servieren.

**Anmerkung:** Statt des Broccoli kann man auch Blumenkohl verwenden.

> **TIP:** *Wenn man für eine Schüssel keinen Deckel hat, kann man sie auch mit Teller, Frischhaltefolie, Pergamentpapier, Bratfolie oder mit speziellen Kunststoffhauben abdecken.*

## Bohnengemüse

*450 g grüne Bohnen*
*2 mittlere Zwiebeln*
*1 TL getrocknetes Bohnenkraut*
*Salz*
*Pfeffer*
*40 g Butter*
*3 EL Wasser*

Die Bohnen waschen und putzen. Die Zwiebeln schälen, in Würfel schneiden und mit den Bohnen in eine Schüssel geben. Das Bohnenkraut darüberstreuen und mit Salz und Pfeffer würzen. Die Butter als Flöckchen obenaufsetzen, Wasser zufügen. 20 (17) Minuten garen, zwischendurch öfters umrühren. Die Bohnen passen zu Lamm und kurzgebratenem Fleisch.

## Ananas-Sauerkraut

*1 kleine Dose Weinsauerkraut (580 g)*
*1 kleine Dose Ananasstücke (580 g)*
*40 g Butter*

Das Sauerkraut ohne Saft in eine Schüssel geben. Die Ananasstücke zufügen und 3 EL vom Saft zugeben. Die Schüssel mit einem Teller abdecken und 6 (5) Minuten garen. Durchrühren, die Butter zufügen und nochmals 6 (5) Minuten weitergaren.

**Anmerkung:** Das Sauerkraut kann man auch mit einem Schuß Wein oder Sekt verfeinern, es paßt hervorragend zu Wild und Geflügel. Mit je 250 g weißen und blauen Trauben statt der Ananasstücke erzielt man eine raffinierte Variante.

## Gratinierte Kartoffeln

*500 g Kartoffeln*
*1 Zwiebel*
*½ Bund Petersilie*
*50 g Emmentaler, gerieben*
*Salz*
*Pfeffer*
*⅛ l Schlagsahne*
*20 g Butter*

Die Kartoffeln schälen und in Scheiben schneiden. Die Zwiebel schälen und in Würfel schneiden. Die Petersilie waschen und kleinhacken. Die Hälfte der Kartoffelscheiben, der Zwiebel und der Petersilie in eine Glas- oder Porzellanform schichten, einen Teil des Käses darüberstreuen und mit etwas Salz und Pfeffer würzen. Dann die andere Hälfte der Zutaten darauflegen und mit der Sahne begießen. Zum Schluß die Butter als Flöckchen daraufsetzen und 16 (14) Minuten garen.

**Anmerkung:** Als Beilage zu Fleisch und Geflügel. Mit 100 g Schinkenspeck in Würfeln geschnitten eignet es sich sogar, mit einem frischen Salat serviert, als Hauptgericht.

**TIP:** *Beim Kochen von Kartoffeln ist die gleiche Größe besonders wichtig, da sie sonst ungleich garen.*

## Fenchel überbacken

*750 g Fenchel (3 Knollen)*
*⅛ l Brühe (Instant)*
*⅛ l Weißwein*
*Salz*
*Pfeffer*
*2 EL Mehl*
*3 EL Schlagsahne*
*2 EL Petersilie, gehackt*
*30 g Emmentaler, gerieben*
*1 EL Butter*

Den Fenchel waschen und putzen, in Scheiben schneiden. Mit der Brühe, dem Wein, Salz und Pfeffer 6 (5) Minuten kochen. Herausnehmen und in eine Auflaufform geben. Mehl und Sahne miteinander verrühren und mit dem Sud 2 (1) Minuten eindicken lassen. Über den Fenchel gießen, mit Petersilie und Käse bestreuen, die Butter als Flöckchen obenaufsetzen 8 (7) Minuten garen. Zu Koteletts mit Kartoffelbrei servieren.

**Anmerkung:** Nach diesem Rezept kann man auch sehr gut Blumenkohl, Staudensellerie, Spargel, Broccoli oder Zucchini zubereiten. Mit gekochten Salzkartoffeln und einem kurzgebratenem Stück Fleisch, ein köstliches Mittagessen.

## Kräuter-Reis

*200 g Langkornreis*
*1 TL Butter*
*1 TL Salz oder 2 TL Brühe (Instant)*
*je ½ Bund:*
*Petersilie*
*Estragon*
*Dill*
*200 ml Wasser*

Den Reis in eine Schüssel schütten, Butter und Salz zugeben. Die Kräuter waschen und kleinschneiden, unter den Reis mischen. Mit dem Wasser aufgießen, die Schüssel mit einem Deckel oder einem Teller verschließen und 7 (6) Minuten garen. Die Schüssel weitere 20 Minuten in der Mikrowelle zum Quellen stehen lassen. Vor dem Servieren leicht mit einer Gabel auflockern. Als Beilage zu Fisch, Geflügel und kurzgebratenem Fleisch und Frikassee.

**Anmerkung:** Der Reis braucht auch in der Microwelle seine Quellzeit, er kann aber nicht anbrennen und wird schön locker. Reis wird immer 1:2 d.h. 1 Teil Reis und 2 Teile Flüssigkeit gekocht.

**TIP:** *Frische Kräuter sollte man immer mit dem Messer schneiden, niemals im Mixer pürieren, da bei bestimmten Kräutern durch das harte Schlagen der Messer Gerb- und Bitterstoffe freigesetzt werden, die ein Gericht verderben können. Nur Sauerampfer nimmt den Mixer nicht übel.*

## Risi-Bisi

*200 g Langkornreis*
*1 TL Butter*
*2 TL Brühe (Instant)*
*1 Dose Erbsen (425 g)*
*1 Zwiebel*
*Pfeffer*
*200 ml Wasser*
*30 g geriebener Parmesan*
*50 g geriebener Emmentaler*

Den Reis in eine Schüssel geben, die Butter und die Brühe zugeben. Die Erbsen abtropfen lassen und unterheben. Die Zwiebel schälen und würfeln, zugeben, mit weißem Pfeffer abschmecken. Wasser zugeben und durchrühren. Zugedeckt 7 (6) Minuten garen. Den Parmesan und den Emmentaler unterheben und 20 Minuten im Microwellenherd quellen lassen. Als Beilage zu Frikassee und Kalbsschnitzel natur servieren.

**Anmerkung:** Mit 200 g in Würfel geschnittenem gekochten Schinken, auch als Hauptgericht mit einer Schüssel Salat servieren.

*Apfel-Rotkraut (Rezept S. 41),*
*Bohnengemüse (Rezept S. 44)*
*Bohnen mit Walnüssen (Rezept S. 41)*

## Mexikanischer-Reis

*200 g Langkornreis*
*1 TL Butter*
*2 TL Brühe (Instant)*
*1 Dose Gemüsemischung (400 g):*
*Erbsen*
*Mais*
*Paprikaschoten*
*1 Bund Petersilie*
*200 ml Wasser*

Den Reis in eine Schüssel geben, die Butter und die gekörnte Brühe zugeben. Die Gemüsemischung abtropfen lassen und mit der gehackten Petersilie untermischen. Mit dem Wasser auffüllen, Schüssel abdecken und 7 (6) Minuten garen. Den Reis weitere 20 Minuten in der Microwelle zum Quellen stehen lassen. Als Beilage zu kurzgebratenem Fleisch, Fisch und Geflügel.

**TIP:** *Reis läßt sich sehr gut einfrieren. Am besten man packt in Portionen, in Gefrier-Kochbeutel ab (keine Metallklips verwenden). Im Kochbeutel dann auf Auftaustufe 3–4 Minuten einstellen. Kurz schütteln und servieren.*

## Champignon-Reis

*200 g Langkornreis*
*1 TL Butter*
*2 TL Brühe (Instant)*
*200 g frische Champignons*
*1 Zwiebel*
*1 Bund Petersilie*
*200 ml Wasser*

Den Reis in eine Schüssel geben, die Butter und die Brühe zugeben. Die Champignons waschen, putzen und blättrig schneiden. Die Zwiebel schälen und in Würfel schneiden, alles zum Reis geben. Die Petersilie waschen, hacken und unterrühren. Mit dem Wasser aufgießen und zugedeckt 7 (6) Minuten garen. Weitere 20 Minuten in der Microwelle zum Quellen stehen lassen. Als Beilage zu Fleisch, Geflügel und Fisch.

**Anmerkung:** Als Tomatenreis mit 4 geschälten und gewürfelten Tomaten und 1 EL Tomatenmark statt der Champignons zubereiten.

## Tomatensauce

*2 EL Butter*
*2 EL Mehl*
*¼ l Brühe (Instant)*
*⅛ l Schlagsahne*
*1 Dose Tomatenmark (70 g)*
*1 TL Basilikum*

Die Butter in eine Glas- oder Porzellanschüssel geben und 2 (1) Minuten schmelzen lassen. Das Mehl zugeben und verrühren, 2 (1) Minuten erhitzen. Die Brühe, die Sahne und das Tomatenmark zugeben, nochmals 4 (3) Minuten erhitzen, durchrühren und mit dem Basilikum abschmecken.

Die Sauce paßt zu Nudeln und gefüllten Gemüsen.

**Anmerkung:** Saucen neigen dazu sich abzusetzen, darum ist es besonders wichtig, sie öfters gründlich mit dem Schneebesen umzurühren.

> **TIP:** *Das in den Rezepten oft mehrfach erwähnte „Umrühren" ist für die bessere Wärmeverteilung und für die gleichmäßigere Verteilung der Lebensmittel im Geschirr erforderlich. Die Gerichte garen so gleichmäßiger.*

## Kräutersenfsauce

*2 EL Butter*
*2 EL Mehl*
*¼ l Fleischbrühe*
*⅛ l Schlagsahne*
*3 EL Kräutersenf*

Die Butter in eine Glas- oder Porzellanschüssel geben 2 (1) Minuten garen. Umrühren und die restlichen Zutaten einrühren, nochmals 4 (3) Minuten garen. Vor dem Servieren gut durchrühren. Die Sauce paßt sehr gut zu gedünstetem und gebratenem Fisch oder pochierten Eiern.

**Anmerkung:** Die Sauce kann man auch mit mittelscharfen oder scharfen Senf zubereiten.

**Variante:** Statt des Senfes 2 EL Meerrettich, frisch oder aus dem Glas, verwenden.

## Dillsauce

*2 EL Butter*
*2 EL Mehl*
*¼ l Brühe (Instant)*
*⅛ l Schlagsahne*
*½ TL Salz*
*1 Bund Dill*
*1 Eigelb*

Die Butter und das Mehl in eine Glasschüssel geben und 2 (1) Minuten garen. Umrühren und Brühe, Sahne, Salz und den gewaschenen, gehackten Dill zugeben, 3 (2) Minuten garen. Nach dem Garen das Eigelb einrühren und die Sauce sofort servieren. Sie paßt sehr gut zu Fisch, gekochtem Rindfleisch und Eiergerichten.

## Exotische Currysauce

*2 EL Butter*
*2 EL Mehl*
*¼ l Brühe (Instant)*
*⅛ l saure Sahne*
*1 Banane*
*1 EL Curry*
*1 Prise Zucker*
*1 EL Zitronensaft*

Die Butter und das Mehl in eine Schüssel geben und 2 (1) Minuten garen. Umrühren und die Brühe und Sahne zugeben. Die Banane schälen, mit einer Gabel zu Brei drücken und mit dem Curry unterrühren. Nochmals 3 (2) Minuten garen. Mit Zucker und Zitronensaft abschmecken. Die Sauce paßt zu Geflügel, Schweinefleisch, Fisch und Eiern.

## Béchamelsauce

*2 EL Butter*
*2 EL Mehl*
*½ l Hühnerbrühe (Instant)*
*⅛ l Schlagsahne*
*Salz*
*weißer Pfeffer*
*Schnittlauch*

Die Butter und das Mehl in eine Glasschüssel geben 2 (1) Minuten garen. Umrühren und die restlichen Zutaten dazugeben 2 (1) Minuten in den Herd stellen. Vor dem Servieren gut durchrühren. Den Schnittlauch waschen und in Röllchen schneiden und über die Sauce geben. Die Sauce paßt sehr gut zu gekochtem Fenchel, Schwarzwurzeln, grünen Bohnen und Wirsinggemüse.

**TIP:** *Saucen kann man in größeren Mengen zubereiten, einfrieren und dann problemlos in der Microwelle auftauen.*

## Zitronensauce

*2 EL Butter*
*2 EL Mehl*
*¼ l Brühe (Instant)*
*⅛ l Schlagsahne*
*2 EL Zitronensaft*
*2 Eigelb*
*1 Prise Zucker*

Die Butter und das Mehl in eine Glasschüssel geben und eine Mehlschwitze zubereiten, 2 (1) Minuten garen. Umrühren und mit der Brühe und der Sahne aufgießen, nochmals kurz 2 (1) Minuten eindicken lassen. Den Zitronensaft mit dem Eigelb verrühren und unter die Brühe geben, mit Zucker abschmecken. Die Sauce paßt zu Spargel oder kurzgebratenem Lammfleisch.

**TIP:** *Saucen gibt es in vielen Variationen, der eigenen Phantasie sind keine Grenzen gesetzt. Man kann variieren z. B. mit Sherry, Weinbrand, Port und ähnlichem abrunden, oder durch Kräuter, Tomatenmark zu einer attraktiven Färbung beitragen. Saucen schmecken zu Fleisch, Fisch, Eiern und Salaten.*

*Tomatensauce, Kräutersenfsauce (Rezepte S. 49)*

# Desserts und Getränke – krönender Abschluß

## Bratapfel Alexander

*4 große säuerliche Äpfel z. B. Boskop*
*2 EL Rum-Rosinen*
*4 TL Butter*
*4 Stück Würfelzucker*
*4 Nelken*
*4 TL Preiselbeeren*
*4 TL Rohmarzipan*

Die Äpfel waschen, Stiel entfernen und die Deckel abschneiden. Mit einem Kaffeelöffel aushöhlen. Die Apfelhöhle mit Rosinen, Butter, Zucker, Nelken, Preiselbeeren und dem Rohmarzipan füllen, die Deckel wieder aufsetzen und die Äpfel in 4 Porzellanschälchen setzen, 12 (10) Minuten garen.

**Anmerkung:** Die Bratäpfel sind auch eine sehr gute Beilage zu Wildgerichten oder Geflügel.

## Zimtäpfel

*500 g säuerliche Äpfel*
*75 ml Wasser*
*75 g Zucker*
*Saft und Schale von ½ Zitrone*
*1 Zimtstange*
*1 Vanillinzucker*

Die Äpfel schälen, vierteln, das Kernhaus entfernen und in Scheiben schneiden. Die Apfelstücke in eine Schüssel geben, Wasser, Zucker, Vanillinzucker, Saft und Schale einer halben unbehandelten Zitrone, die Zimtstange zugeben und 7 (6) Minuten garen. Die Zimtstange herausfischen, das Kompott erkalten lassen und als Dessert servieren.

## Rotwein-Pflaumen

*400 g Trockenpflaumen ohne Stein*
*½ l Rotwein*
*4 EL Zucker*
*1 Zimtstange*
*2 Nelken*
*1 EL Zitronensaft*

Die Pflaumen mit den restlichen Zutaten in eine Schüssel geben und 3 (2) Minuten garen. Die Gewürze herausfischen und Pflaumen heiß oder kalt evtl. mit je 1 Kugel Vanilleeis servieren.

## Haselnußpudding

*2 EL Butter*
*2 EL Haselnüsse, gerieben*
*300 ml Milch*
*200 g Schlagsahne*
*3 EL Zucker*
*2 Vanillinzucker*
*4 EL Speisestärke*
*2 Eier*

Die Butter in eine Puddingform geben, 1 Minute schmelzen lassen. Die Haselnüsse zugeben und 2 (1) Minuten anrösten. Die Milch mit der Sahne, dem Zucker, Vanillinzucker und Speisestärke verrühren, unter die Haselnüsse mischen. Gut durchrühren. 4 (3) Minuten zugedeckt garen. Den Pudding herausnehmen und mit dem Schneebesen gut durchrühren. Die beiden Eigelb verquirlen und unter die Masse ziehen. Das Eiweiß zu Schnee schlagen unterheben. Den Pudding zum Erkalten an einen kühlen Ort stellen. Mit Sauerkirschsauce, s. S. 57, servieren.

## Flammeri

*6 Eigelb*
*130 g Zucker*
*1 TL geriebene Zitronenschale*
*90 g Speisestärke*
*4 Eiweiß*
*1 EL Honig*

Die Eigelbe mit dem Zucker schaumig rühren. Die Zitronenschale zugeben und die Speisestärke darübersieben, unterheben. Das Eiweiß zu Schnee schlagen und vorsichtig unterziehen. Eine Puddingform aus Porzellan mit etwas Butter ausfetten, den Honig auf den Boden geben und die Eigelb-Zucker-Masse einfüllen. Die Form verschließen und 10 (9) Minuten garen. Den Pudding erkalten lassen, auf eine Platte stürzen und mit Vanillesauce, s. S. 58, oder Himbeersirup servieren.

## Rote Grütze

*200 g Erdbeeren*
*200 g Himbeeren*
*200 g Sauerkirschen*
*oder 2 Pakete Beeren-Cocktail tiefgefroren (600 g)*
*3 EL Zucker*
*¼ l Kirschsaft*
*½ Zimtstange*
*2 EL Speisestärke*

Die frischen Beeren waschen, entstielen oder entkernen und in eine Schüssel geben. (Die tiefgefrorenen Beeren unaufgetaut in eine Schüssel geben.) Den Zucker, Saft und die Zimtstange zufügen, 8 (7) Minuten garen. Die Speisestärke in etwas Wasser anrühren und unter die Grütze geben. Nochmals 3 (2) Minuten erhitzen, vorsichtig umrühren, die Zimtstange herausfischen und in eine kalt ausgespülte Glasschüssel umfüllen. Im Kühlschrank kaltstellen. Mit Vanillesauce, s. S. 58, oder Zimtschlagsahne servieren.

**Anmerkung:** Es können auch Brombeeren, Johannisbeeren oder Heidelbeeren verwendet werden.
Das Rezept reicht für 6 Personen.

**TIP:** *Bei einer Grütze die mit Gelatine gemacht wird, auf Kiwis, Mangos und Ananas verzichten, da die Gelatine ihre Gelierfähigkeit bei diesen Fruchtsorten verliert. 6 Blatt Gelatine auf ½ l Flüssigkeit verwenden.*

## Schokoladen-Creme

*200 g Kuvertüre, zartbitter*
*2 cl Weinbrand*
*3 EL starker Kaffee, kalt*
*125 g Butter*
*4 Eier*
*50 g Zucker*
*200 g Schlagsahne*

Die Kuvertüre zerbröckeln und in einer flachen Schale mit Weinbrand und Kaffee 3 (2) Minuten schmelzen lassen. Mit dem Schneebesen gut durchrühren und die weiche Butter unterarbeiten. Die Masse etwas erkalten lassen. Die Eier mit dem Zucker schaumig schlagen und unter die Schokoladenmasse rühren. Die Sahne steifschlagen und vorsichtig unter die Schokoladencreme heben. Im Kühlschrank kaltstellen. Vor dem Servieren mit geriebener Schokolade bestreuen.

Das Rezept reicht für 6 Personen.

## Weiße Schokoladen-Mousse

*2 Blatt weiße Gelatine*
*200 g weiße Schokolade*
*2 cl Weinbrand*
*2 Eier*
*125 g Butter*
*200 g Schlagsahne*
**Püree:**
*300 g frische Erdbeeren*
*50 g Zucker*
*1 TL Zitronensaft*

Die Gelatine in kaltem Wasser einweichen. Die zerbröckelte Schokolade mit dem Weinbrand 3 (2) Minuten schmelzen. Herausnehmen und die ausgedrückte Gelatine unterrühren, bis sie sich gelöst hat. Die Eier gut verquirlen und mit der weichen Butter ebenfalls unterrühren. Die Sahne steifschlagen und vorsichtig unterheben. Die Creme kaltstellen. Die Erdbeeren waschen, entkelchen und mit dem Zucker und dem Zitronensaft pürieren. Mit einem Eßlöffel Nocken aus der Mousse stechen, auf Glastellerchen legen und mit dem Fruchtpüree übergießen. Evtl. noch mit einem Pfefferminzblättchen garnieren.

**Anmerkung:** Sehr gut schmeckt die Mousse auch mit der Schokoladen-Creme, s. links, angerichtet, sie reicht für 6 Personen.

## Reis Trauttmansdorff

*6 Blatt weiße Gelatine*
*½ l Milch*
*50 g Zucker*
*30 g Butter*
*1 Prise Salz*
*1 TL geriebene Zitronenschale*
*100 g Milchreis*
*200 g Pfirsiche aus der Dose, gewürfelt*
*200 g Schattenmorellen aus dem Glas, entsteint*
*4 cl Kirschlikör*
*200 g Schlagsahne*
*1 Vanillinzucker*

Die Gelatine in kaltem Wasser einweichen. Die Milch in eine Schüssel mit hohem Rand füllen und die Zutaten, außer dem Obst einrühren, zudecken, 7 (6) Minuten garen.

Herausnehmen, die Gelatine ausdrücken und unter den Reis rühren. 20 Minuten im Herd quellen lassen. Das Obst abtropfen, mit dem Likör übergießen und 10 Minuten ziehen lassen. Das Obst unter den ausgekühlten Reis heben. Die Sahne mit dem Vanillinzucker steifschlagen und ebenfalls unterheben. Den Reis in eine Puddingform füllen und kaltstellen. Die Form kurz vor dem Servieren in heißes Wasser tauchen und stürzen. Das Rezept reicht für 6 Personen.

*Zimtäpfel (Rezept S. 52)*

## Tropische Coffeecreme

*1 Päckchen Puddingpulver, Vanille-Geschmack*
*50 g Zucker*
*½ l Milch*
*1 EL Instant-Kaffee*
*8 Löffelbiskuit*
*2 EL Rum*
*8 EL geschlagene Sahne*
*Borkenschokolade*

Das Puddingpulver mit dem Zucker in 6 EL von der kalten Milch anrühren. Die restliche Milch unterrühren und den Instant-Kaffee zugeben. Die Masse in eine Schüssel füllen und 6 (5) Minuten garen. Mehrmals mit einem Schneebesen durchrühren. Die Puddingmasse kaltstellen, mehrmals umrühren, damit sich keine Haut bildet. Die Creme in einen Spritzbeutel füllen. Die Biskuits in eine Schüssel bröseln und mit dem Rum mischen. Die Puddingcreme lagenweise mit den Biskuits und der Sahne in 4 Gläser einfüllen. Mit Borkenschokolade verzieren.

## Vanillecreme

*1 Päckchen Puddingpulver, Vanille-Geschmack*
*50 g Zucker*
*½ l Milch*
*200 g Schlagsahne*
*2 Eier*

Das Puddingpulver mit dem Zucker in 6 EL von der kalten Milch anrühren. Die restliche Milch und die Sahne unterrühren. Die Eier trennen und das Eigelb ebenfalls zugeben. Die Masse in eine Schüssel füllen und 7 (6) Minuten garen. Zwei- bis dreimal mit einem Schneebesen gut durchrühren. Das Eiweiß zu Schnee schlagen und unter die fertige Creme heben. Die Creme in 4 Portionsschälchen umfüllen und warm oder kalt, mit frischen Erdbeeren oder Sauerkirschsauce, s. unten, servieren.

Das Rezept reicht für 6 Personen.

## Karibische Schokolade

*100 g Vollmilchschokolade*
*100 g Schlagsahne*
*1 Päckchen Vanillinzucker*
*1 TL gemahlener Zimt*
*2 EL Kakao*
*¼ l Milch*
*4 EL Rum*

Die Schokolade in kleine Stücke brechen und mit der Sahne und dem Vanillinzucker in eine Glasschüssel geben, zudecken und 2 (1) Minuten schmelzen lassen. Umrühren, den Zimt und den Kakao mit einem Schneebesen einrühren und mit der Milch aufgießen, 4 (3) Minuten aufkochen lassen. Den Rum zufügen und auf 4 Gläser aufteilen, heiß oder eiskalt servieren. Nach Belieben mit Sahne verzieren.

## Vanillesauce

*1 Päckchen Vanillesauce*
*2 EL Zucker, schwach gehäuft*
*¼ l Milch*
*¼ l Schlagsahne*
*1 Eigelb*

Das Saucenpulver mit 6 EL Milch glatt anrühren, den Zucker zufügen, mit der Milch und der Sahne in eine hohe Glasschüssel geben. 7 (6) Minuten garen. Etwas abkühlen lassen und ein zerquirltes Eigelb unterziehen. Die Sauce warm oder kalt zu Eis, Obst, Grützen und Puddings servieren.

## Schokoladensauce

*200 g Kuvertüre, zartbitter*
*¼ l Schlagsahne*
*1 Päckchen Vanillinzucker*

Die Kuvertüre zerbröckeln und in eine flache Schale mit 4 EL von der süßen Sahne geben, 2 (1) Minuten garen. Durchrühren. Die restliche Sahne mit dem Vanillinzucker steifschlagen und unter die flüssige Schokolade heben. Die Sauce paßt zu Vanillepudding, Eis, Omeletts usw.

**TIP:** *Man kann die Schokoladensauce auch mit einem Päckchen Schokoladensaucenpulver zubereiten s. Rezept Vanillesauce oben. Mit Kuvertüre schmeckt sie aber feiner.*

## Erdbeersauce

*400 g frische oder tiefgefrorene Erdbeeren*
*¼ l Orangensaft*
*1 EL Zitronensaft*
*4 EL Zucker*
*4 cl Orangenlikör*
*1 EL Speisestärke*

Die Erdbeeren waschen und pürieren, tiefgefrorene erst antauen lassen. Nun alle Zutaten in eine Schüssel geben und gut verrühren, zugedeckt 6 (5) Minuten garen. Die Sauce schmeckt zu Eis, Puddings, Quarkspeisen usw.

**Anmerkung:** Mit Himbeeren zubereitet ist die Sauce ebenfalls eine Bereicherung von Desserts. Das Himbeerpüree muß aber durch ein Sieb gestrichen werden, damit die Kernchen nicht in die Sauce kommen.

## Sauerkirschsauce

*400 g entsteinte Sauerkirschen*
*¼ l Kirschsaft*
*4 EL Zucker*
*1 TL gemahlener Zimt*
*4 cl Rum*
*4 Blatt weiße Gelatine*

Die Zutaten bis zum Rum in eine Schüssel geben und gut miteinander verrühren, 6 (5) Minuten garen. Die eingeweichte und ausgedrückte Gelatine unter die heiße Sauce rühren, bis sie sich aufgelöst hat. Die Sauce kaltstellen. Sie schmeckt sehr gut zu Eis, Flammeri, Omeletts und zu Reis- oder Grießbrei.

**Anmerkung:** Die fertige Sauce kann man im Mixer pürieren, man sollte sie vor dem Servieren nochmals gut durchschlagen.

## Cointreau-Kaffee

*¼ l Milch*
*50 g zartbittere Schokolade*
*¼ l starker Kaffee*
*4 Würfelzucker*
*4 cl Cointreau (Orangenlikör)*
*200 g Schlagsahne*
*1 Vanillinzucker*
*1 EL Schokoladenraspel*
*1 TL Orangenschale*

Die Milch, Schokolade, Kaffee und Würfelzukker in eine hohe Schüssel geben und 1 Minute erhitzen. Herausnehmen und den Likör zufügen. Die Sahne mit dem Vanillinzucker steifschlagen. Den Kaffee auf 4 Gläser verteilen, die Sahne als Rosette aufspritzen und mit den Schokoladenraspel und der geriebenen Orangenschale garnieren. Heiß servieren.

## Kaffee Amaretto

*¼ l starker Kaffee*
*4 TL Zucker*
*¼ l süße Sahne*
*4 cl Amaretto (Mandellikör)*
*4 EL geschlagene Sahne*

Den Kaffee, den Zucker und die Sahne mischen, und 1 Minute in den Microwellenherd stellen. Herausnehmen, den Likör zugeben und auf 4 Gläser verteilen. Mit je einem Sahnehäubchen garnieren. Evtl. noch mit etwas Kakaopulver bestreuen.

**TIP:** *Für kleine Mengen lohnt es sich, wenn man die fertige Schlagsahne in der Sprühdose kauft, die man griffbereit im Kühlschrank lagern kann.*

*Tropische Coffeecreme (Rezept S. 56)*

## Irish Coffee

*¼ l starker Kaffee*
*2 TL brauner Zucker*
*2 cl Irischer Whisky*
*2 EL halbsteif geschlagene Sahne*

Den Kaffee mit dem Zucker und dem Whisky vermischen, in ein feuerfestes Glas füllen und 1 Minute erhitzen. Die Sahne über einen Kaffeelöffelrücken ins Glas auf den Kaffee laufen lassen. Heiß servieren. Rezept für 2 Gläser.

## Pharisäer

*¼ l starker Kaffee*
*2 TL brauner Zucker*
*2 cl Rum*
*2 EL geschlagene Sahne*
*etwas geriebene Schokolade*

Den Kaffee mit dem Zucker und dem Rum mischen, in eine hohe Tasse füllen und 1 Minute erhitzen. Die Sahne als Häubchen aufsetzen und mit der geriebenen Schokolade bestreuen. Rezept für 2 Tassen.

**TIP:** *Gläser immer auf eine Untertasse in die Microwelle stellen, da sich das Glas durch die Flüssigkeit erhitzt und man es mit dem Teller besser herausnehmen kann.*

## Tabellen

### Auftauen in der Microwelle

Bei den angegebenen Werten handelt es sich um Durchschnittswerte (Richtwerte). Sie können je nach Menge, Größe, Gefrierzustand und Beschaffenheit variieren. Auch die Ausgangsleistung der Geräte z. B. 150 W, 180 W oder 240 W beeinflußt die Auftauzeit. Alle Produkte sollten gewendet bzw. umgerührt werden. Nach dem Auftauvorgang die Lebensmittel ruhen lassen. Die Lebensmittel werden noch mit einem gefrorenen Kern herausgenommen und bei Zimmertemperatur voll aufgetaut (Ruhezeit), so verteilt sich die Temperatur gleichmäßiger. Langsameres Auftauen ergibt bessere Ergebnisse und ist schonender. Es ist ratsam, die Bedienungsanleitung des Geräte-Herstellers zu beachten. Die unten angegebenen Zeiten gelten für Geräte mit 180 W, Auftaustufe.

| **Speisen** | **Mengen** | **Auftauen in Minuten** | **Ruhezeit in Minuten** |
|---|---|---|---|
| Braten | 500 g<br>1000 g<br>1500 g | 20<br>20–30<br>30–40 | 10<br>15<br>15 |
| Hähnchen, ganz | 1000 g | 35 | 15 |
| Hähnchen in Teilen | 150 g | 3–5 | 10 |
| Hackfleisch | 500 g | 10–15 | 15 |
| Gulasch | 600 g | 25–30 | 15 |
| Rouladen | 150 g | 2–4 | 10 |
| Schnitzel | 200 g | 3–5 | 10 |
| Fisch, ganz | 500 g | 10–15 | 25 |
| Fisch in Teilen | 200 g | 3–5 | 15 |
| Wild | 1000 g | 25–30 | 15 |
| Gemüse, fest z. B. Spargel | 600 g | 12–15 | 10 |
| Broccoli | 600 g | 12–15 | 10 |
| Gemüse, klein z. B. Erbsen | 600 g | 8–12 | 10 |
| Bohnen | 600 g | 8–12 | 10 |
| Erdbeeren | 500 g | 7–11 | 10 |
| Himbeeren | 500 g | 7–11 | 10 |
| Butter | 250 g | 3–5 | 20 |
| Quark | 250 g | 3–6 | 20 |
| Käse | 125 g | 1–2 | 10 |
| Schlagsahne | 250 g | 2–3 | – |
| 1 Brötchen | 50 g | 1 | 5 |
| 1 Brot | 500 g | 8–14 | 10 |
| Fertiggerichte | 600 g | 5–10 | 10 |

## Erwärmen in der Microwelle

Fertige Gerichte sollten immer abgedeckt erwärmt werden, um ein Austrocknen der Speiseoberfläche zu verhindern. Die Erwärmungszeit ist abhängig von der Menge, der Ausgangstemperatur und der Beschaffenheit der Speisen. Ebenso von der Ausgangsleistung des Microwellengerätes, hier 600 W. Bitte die Bedienungsanleitung des Geräte-Herstellers beachten!

| **Speisen** | **Mengen** | **Erwärmungszeit in Min.** |
|---|---|---|
| Braten | 500 g | 8–10 |
| Braten | 200 g | 4–6 |
| Gulasch | 500 g | 6–8 |
| Fischfilet | 400 g | 5–6 |
| Gemüse | 150 g | 1–2 |
| Suppen | ¼ l | 2–3 |
| Saucen | ⅛ l | 1–2 |
| Aufläufe | 500 g | 5–6 |
| Beilagen | 250 g | 3–4 |
| Eintöpfe | 1000 g | 10–12 |
| Menü/Tellergericht | | |
| 1 Portion | | 3–5 |

## Auftauen und Erwärmen fertiger Speisen

| | | |
|---|---|---|
| Fertiggerichte | 500 g | 11–14 |
| Menü | 250 g | 5–7 |
| Tellergerichte | 250 g | 5–7 |

| **Schmelzen in der Microwelle** | | |
|---|---|---|
| 250 g Butter aus dem Kühlschrank streichfähig machen | 180 Watt | ½ Min. |
| 50 g Butter schmelzen | 600 Watt | 1 Min. |
| 500 g Honig schmelzen | 180 Watt | 3–5 Min. |
| 400 g Käse schmelzen | 600 Watt | 8 Min. |
| 100 g Schokolade | 600 Watt | 2 Min. |

**Garen in der Microwelle**

Auch beim Garen ergeben sich unterschiedliche Werte, siehe Auftauen. Die Produkte sollten nach Möglichkeit mehrmals gewendet oder umgerührt werden. Dies ist in den Rezepten angegeben. Nach dem Garen ist es sinnvoll, die Gerichte „Nachgaren“ d. h. ruhen zu lassen. Die Hitze verteilt sich so gleichmäßiger. Gemüse mit einigen EL Wasser garen. Die Schüssel sollte zugedeckt sein, zwischendurch umrühren. Wenn man das Gemüse etwas knackiger haben möchte, muß man es einige Minuten vorher aus der Microwelle nehmen. Für ein gleichmäßiges Garen ist es wichtig, daß das Gemüse in gleichgroße Stücke geschnitten wird. Die unten angegebenen Zeiten sind Richtwerte für Geräte mit 600 W Ausgangsleistung. Im Prinzip gilt: immer die Bedienungsanleitung des Geräte-Herstellers beachten!

| **Speisen** | **Mengen** | **Garzeit in Minuten** | **Ruhezeit in Minuten** |
|---|---|---|---|
| Rind | 1000 g | 40–50 | 10 |
| Schwein | 1000 g | 35–45 | 10 |
| Kalb | 1000 g | 35–45 | 10 |
| Wild | 1000 g | 30–35 | 10 |
| Schnitzel | 200 g | 12–15 | 5 |
| Gulasch | 500 g | 35–40 | 10 |
| Rouladen | 600 g | 15–20 | 10 |
| Geschnetzeltes | 600 g | 20–25 | 10 |
| Geflügel, ganz | 1000 g | 20–25 | 10 |
| Geflügel in Teilen | 500 g | 14–16 | 10 |
| Fisch, ganz | 800 g | 10–12 | 8 |
| Fisch in Teilen | 200 g | 7–9 | 5 |
| Reis | 150 g | 7–10 | 20 |
| Kartoffeln | 600 g | 10–12 | 15 |
| Champignons | 250 g | 6 | 1 |
| Broccoli | 300 g | 15 | 3 |
| Kohlrabi | 250 g | 12 | 3 |
| Spinat | 500 g | 9 | 1 |
| Tomaten | 500 g | 8 | 2 |
| Paprikaschoten | 250 g | 9 | 2 |
| Flüssigkeiten | ⅛ l | 1–2 | – |
| Suppen | ¼ l | 2–3 | – |
| Suppen | ½ l | 4–6 | – |

| Tabelle für Teelöffel, Eßlöffel, Tasse in Gramm | | | |
|---|---|---|---|
| gestrichen voll | Tee-löffel = TL | Eß-löffel = EL | 1 Tasse = |
| Butter | 5 g | 15 g | – |
| Käse, gerieben | 3 g | 10 g | 80 g |
| Mayonnaise | 10 g | 30 g | 240 g |
| Mehl | 3 g | 10 g | 80 g |
| Meerrettich, gerieben | 5 g | 15 g | – |
| Nüsse, gerieben | 6 g | 20 g | 150 g |
| Öl | 3 g | 9 g | 75 g |
| Puderzucker | 3 g | 10 g | – |
| Reis | 5 g | 15 g | 120 g |
| Salz | 5 g | 15 g | – |
| Semmelbrösel (Paniermehl) | 3 g | 10 g | 80 g |
| Speisestärke | 5 g | 15 g | 120 g |
| Flüssigkeit | 5 g | 15 g | – |
| Zucker | 5 g | 15 g | 120 g |

| Tabelle für Maße und Gewichte |
|---|
| 1 Liter l = 10 Deziliter dl = 100 Zentiliter cl = 1 Kilogramm kg = 1000 Gramm g (Wasser) |
| 1 Deziliter dl = 10 Zentiliter cl = 100 Gramm g (Wasser) |
| 1 Zentiliter cl = 10 Gramm g (Wasser) = ⅛ l = ca. 8 Eßlöffel |
| 1 Suppenteller = ca. ¼ l |
| 1 Weinglas = ca. ⅛ l |
| 1 Schnapsglas = ca. 2 cl |
| 1 Tasse = ca. ⅛ l |

# Register



Die Ratschläge und Rezepte in diesem Buch sind vom Autor sorgfältig geprüft und erwogen, eine Garantie kann dennoch nicht übernommen werden. Eine Haftung des Autors bzw. des Verlages für Personen-, Sach- und Vermögensschäden sind ausgeschlossen.